WO IST DAS?

Das bunte Antwortbuch

Text
Simonne Monlaü und **Georges Monlaü**

Zeichnungen
Philippe Daure und **Jacques Poirier**

Engelbert-Verlag 5983 Balve

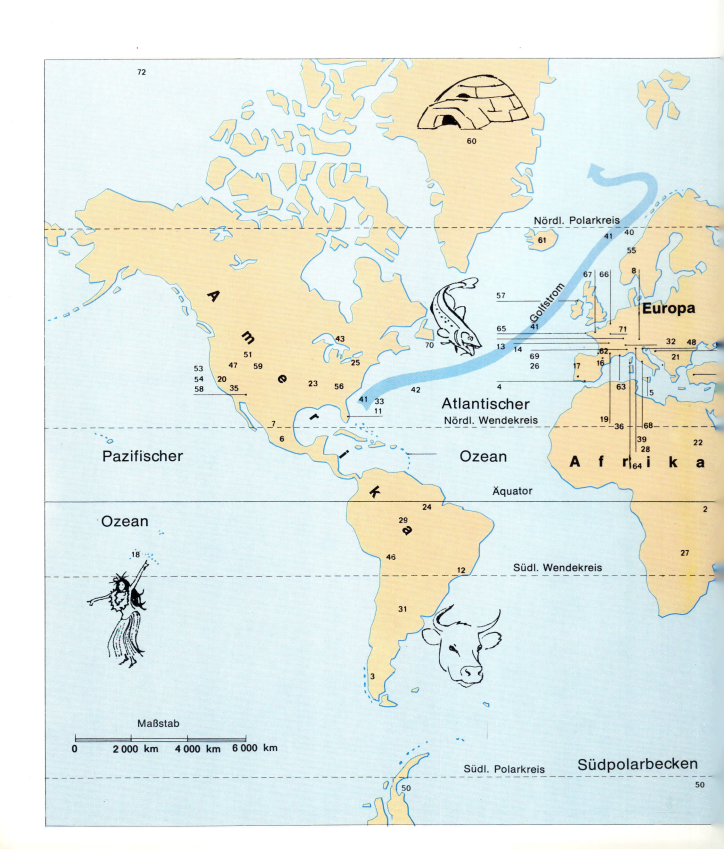

er gigantische Nil
e Meer – Die Arktis
– Der gewaltige Wal
ie grausamen Papua
damer und der Gouda
 Der Turm von Babel
as Schloß Chambord
eml – Pearl Harbor
er liegende Buddha
e Golden Gate Bridge
 – Das Weiße Haus

Sehenswürdigkeiten der Natur

Die Natur bietet dem Menschen ein unendlich vielfältiges und immer wieder neues Schauspiel an Landschaften und großartigen Besonderheiten. Es wäre schwierig zu sagen, wo sie sich am schönsten, am seltsamsten oder am eindrucksvollsten zeigt. Die Touristen, Forschungsreisende unserer modernen Zeit, verteilen ihre Bewunderung auf sämtliche Naturschönheiten und haben den Ehrgeiz, so viele wie möglich zu besichtigen. Reich an Erinnerungen kehren sie dann in ihr Heimatland zurück, das — wie jeder immer wieder erklärt — doch das schönste Land der Welt ist!

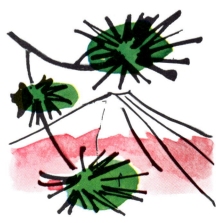

Der Mount Everest 1

Zwischen Indien und China erstreckt sich die Gebirgskette des Himalaya, deren höchster Gipfel der Mount Everest (8 848 m) ist, von den Bergbewohnern der Umgebung auch „Mutter der Welt" oder „Thron der Götter" genannt.

Der Mount Everest, höchster Berg der Welt und Grenze zwischen Nepal und Tibet, erhebt sich über eine Schar von vierzig weiteren Achttausendern im Himalaya. Viele Bergsteiger verloren ihr Leben bei dem Versuch, den Gipfel zu erreichen. Der Aufstieg ist außerordentlich erschwert durch Hindernisse, starke Kälte und die ab sechstausend Meter Höhe immer dünner werdende Luft. Erst am 29. Mai 1953 wurde der Gipfel von dem Neuseeländer Edmund Hillary und seinem Begleiter, dem nepalesischen Träger Tenzing, bezwungen. Everest war ein englischer Geograph; ihm ist die erste genaue Karte dieses Gebietes zu verdanken, das als „Dach der Welt" im 19. Jahrhundert noch wenig bekannt war.

Der majestätische Kilimandscharo 2

In Tansania erhebt sich der höchste Berg Afrikas, der Kilimandscharo, auch der „Prachtvolle" genannt. Heute heißt dieser dreihundert Millionen alte Vulkan auch „Uhuru" oder „Berg der Freiheit".

In der tropischen Zone Ostafrikas, fast unmittelbar am Äquator, ragt 5 895 m hoch der Kilimandscharo auf. Dieser Berg wirkt besonders majestätisch, weil er sich einsam aus einer Hochfläche erhebt, so daß man seinen schneebedeckten kegelförmigen Gipfel schon von weitem aus dem ihn umgebenden Wolkenmeer ragen sieht. Die Berghänge sind bedeckt mit tropischen Wäldern, Savannen und Prärien, auf denen Giraffen, Zebras und Büffel weiden. In dem sechs Kilometer weiten, riesigen Krater häuft sich der Schnee zu gewaltigen Firnblöcken. Gelegentlich ausbrechende schwefelhaltige Dämpfe beweisen, daß der Kilimandscharo keineswegs tot ist!

Der unzugängliche Fitz Roy 3

Der Fitz Roy, ein schroff aufragender Berg in den Anden Südamerikas an der Grenze zwischen Chile und Argentinien, ist eine schwer besteigbare Granitsäule.

Nicht immer sind es die höchsten Gipfel, die die schwierigsten Aufstiege bieten. Der 3 375 m hohe Fitz Roy widerstand genau wie der Everest und der Annapurna den Versuchen der Bergsteiger. Allerdings ist dieser Berg auch von einem Gewirr aus vereisten, schwer zu überwindenden, ständig von Stürmen gepeitschten Bergtälern umgeben. Jahrelang versuchte man vergeblich, die schwindelnd hohe Hauptsäule zu erklimmen. Im Februar 1952 endlich gelang es Terray und Magnone, zwei Mitgliedern einer französischen Expedition, während der dritte, Poincenot, in einem Sturzbach ertrank. Zur Erinnerung an den tragischen Tod trägt ein benachbarter Gipfel seinen Namen.

Die Säulen des Herkules 4

Die Meerenge von Gibraltar, die Europa und Afrika trennt und das Mittelmeer mit dem Atlantik verbindet, wird von zwei schroffen Felsen, Gibraltar und Ceuta, überragt, die die Menschen im Altertum die „Säulen des Herkules" nannten.

Herkules ist der römische Name für Herakles, einen Helden aus der griechischen Mythologie, der der Sage nach einen Felsen gespalten und damit die 15 km breite Meerenge von Gibraltar geschaffen hat. Die beiden zur Seite aufragenden Felshälften — der 425 m hohe Calpé in Europa und der bei Ceuta in Afrika liegende Abyla — bildeten die Grenzsteine der antiken Welt. Große Militär- und Zivilhäfen wurden errichtet, um die Seefahrt durch die Meerenge zu kontrollieren: Gibraltar und Algeciras in Europa, Ceuta und die internationale Hafenstadt Tanger in Afrika. Zwischen den Säulen des Herkules tauschen Mittelmeer und Atlantik ihre Wasser aus: an der Oberfläche nach Osten, in der Tiefe nach Westen!

Der gefährliche Ätna 5

Mit seinen 3 263 m Höhe ist der Ätna der höchste Vulkan Europas und zugleich einer der tätigsten der ganzen Erde. Für die Insel Sizilien stellt er eine ständige Bedrohung dar.

Die Menschen des Altertums hielten den Ätna für den Wohnsitz des Vulcanus, der bei den Römern der Gott des Feuers war. Aber auch aus einem anderen Grund hat der Ätna traurige Berühmtheit erlangt: Seine furchtbaren zahlreichen Ausbrüche verwüsteten die Ebene von Catania, aus der sich sein meist von glitzerndem Schnee bedeckter Kegel erhebt. Die Chronisten registrierten bis jetzt etwa 150 Ausbrüche, unter denen der von 1693 etwa 60 000 Opfer forderte. Touristen können von einer Drahtseilkabine aus in 3 000 m Höhe im Morgengrauen den Hauptkrater und seine rotglühende Lava bewundern und anschließend einen eindrucksvollen Sonnenaufgang erleben, der die Dampfschwaden und das Gestein des alten Vulkans aufleuchten läßt.

Das Vulkanbaby Paricutin 6

Zu den jüngsten Vulkanen der Welt gehört der 650 m hohe Paricutin. Er brach am 20. Februar 1943 auf einem flachen Acker in Mexiko auf.

Bei der Arbeit auf seinem Feld bekam der mexikanische Bauer Denis Pulido plötzlich große Angst: Der Boden unter seinen Füßen erzitterte, dumpfes Grollen ertönte aus dem Inneren der Erde. Während Pulido flüchtete, schossen Rauchwolken und Asche aus dem Boden, und bald darauf folgten gewaltige Lavaströme. Am nächsten Tag waren die Reste von Pulidos Haus unter einem zehn Meter hohen Schutthaufen begraben. Acht Tage später war der Vulkan schon 160 Meter hoch, und im März 1943 waren alle Felder des Bauern Pulido zugedeckt! Der Paricutin ruht gegenwärtig, erwacht aber dann und wann und nimmt ständig an Größe zu. Die Mexikaner hoffen, daß er nicht zu groß wird!

Der Popocatepetl   7

Zu den zahlreichen Vulkanen Mexikos gehören die nahe beieinanderstehenden Popocatepetl (5 452 m) und Ixtaxihuatl (5 286 m), zwei riesige, schneebedeckte Krater, die beide erloschen sind.

Das zentrale Hochland Mexikos hat eine imposante Anzahl riesiger Vulkane aufzuweisen, von denen einige noch tätig sind. Sechzig Kilometer östlich von Mexico City erhebt sich der Popocatepetl mit seiner ewig schneebedeckten Kuppe. Ein Kegel aus Lava mitten im Krater verleiht dem Kratersee die Form eines Ringes. Die erste Besteigung des Vulkans fand 1520 während der Eroberung durch die Spanier statt. Diego de Ordas, der mit Indianern und Soldaten den Gipfel erreichte, hielt einige Jahrhunderte lang den Weltrekord als Bergsteiger, bis im Himalaya Gipfel wie der Makalu oder der Everest bezwungen wurden.

Das Matterhorn   8

Wie eine vierkantige Pyramide erhebt sich die an einen Zahn erinnernde scharfe Spitze des Matterhorns auf der Grenze zwischen dem schweizerischen Kanton Wallis und Italien in den schweizerischen Himmel.

Unter den berühmten Bergen nimmt das Matterhorn wegen seiner regelmäßigen Form und seiner Höhe von 4 478 m einen besonderen Platz ein. Durch die Fortschritte der Technik ist das Matterhorn für geübte Bergsteiger immer zugänglicher geworden, aber die eindrucksvollen Überhänge, die Steinschläge, die große Höhe und die plötzlichen Schlechtwettereinbrüche mit Stürmen machen auch heute noch jeden Aufstieg zu einem zweifelhaften Abenteuer. Der Gipfel wurde nach mehrmaligen Versuchen erstmalig am 14. Juli 1865 erreicht. Beim Abstieg allerdings fanden vier der Gipfelstürmer den Tod, unter ihnen ein junger Maler, der, von der eleganten Silhouette des Berges fasziniert, ihn aus nächster Nähe hatte bewundern wollen.

Der Berg Ararat   9

Der 5 165 m hohe Ararat in Armenien ist der höchste Berg der Türkei. Nach Aussagen der Bibel strandete dort nach der Sintflut die Arche Noahs.

Zahlreiche Legenden der verschiedensten Religionen berichten von einer Sintflut, die, durch göttlichen Zorn hervorgerufen, die Erde überschwemmte und alle Lebewesen ertränkte. Nach Aussage der Genesis baute Erzvater Noah eine Arche, ein Boot, in dem er die Menschen und Tiere an Bord nahm, die Gott retten wollte. Nach vierzig Tagen Sintflut strandete Noahs Arche auf dem Gipfel des Ararat. 1952 wurden Nachforschungen angestellt mit dem Ziel, auf dem Berg Spuren des biblischen Schiffes zu entdecken — ohne Erfolg. Uns bleibt nur die mündliche und schriftliche Überlieferung, die den Ort bezeichnet, an dem später zehntausend zum Christentum bekehrte römische Soldaten als Einsiedler lebten.

Der Fudschijama 10

Dieser 3 778 m hohe, erloschene Vulkan auf der Insel Hondo ist der höchste Berg Japans. Sein schön geformter, mit ewigem Schnee bedeckter Kegel spiegelt sich im stillen Kawagushi-See.

Der Fudschijama, der heilige Berg, ist ein Symbol Japans. Er ist Wallfahrtsort und Touristenattraktion zugleich. Dichter besingen ihn, Maler malen ihn, Reisende fotografieren ihn. Dreihundert Jahre vor Christi Geburt ist er in einer Nacht aufgebrochen, während dreihundert Kilometer entfernt die Erde einsank und der See Biwa entstand — so jedenfalls berichtet die Legende. Auch andere, noch tätige Vulkane in Japan sind Gegenstand besonderer Kulthandlungen. Pilger steigen zum Krater hinauf und werfen Opfergaben hinein, um die unterirdischen Götter zu besänftigen, die grollen und Feuer speien. Der Fudschijama oder auch Fujisan ist auf den berühmten Kupferstichen des japanischen Malers Hokusai bewundernswert stilisiert dargestellt.

Das paradiesische Florida 11

650 km lang und 130 km breit ist die Halbinsel zwischen dem Golf von Mexiko und dem Atlantik im Süden der USA. Florida mit seinem milden Klima ist ein Paradies für Touristen, Jäger und Fischer.

Wer in Amerika der nördlichen Winterkälte entflieht und zwischen Dezember und März nach Florida reist, findet dort ideale Witterungsverhältnisse und abwechslungsreiche Landschaften: weite üppige Wälder, tropische Blüten und Früchte, riesige Strände mit feinem Sand, tausende von Seen und Sümpfen voller seltsamer Tiere und im Meer Fische aller Arten. Man angelt dort riesige Exemplare, jagt reichlich vorhandenes Wild, besucht die berühmtesten Strände: Miami, Palm Beach. Der Nationalpark der Everglades an der Spitze der Halbinsel schützt eine vielfältige Flora und Fauna in den Sümpfen und rings um die zehntausend Felseninseln und das Korallenriff von Key Bay.

Der Zuckerhut 12

Rio de Janeiro, bis 1960 Hauptstadt von Brasilien, liegt an einer herrlichen, mit malerischen Inseln besäten Bucht, die von zahlreichen Berggipfeln beherrscht wird. Der berühmteste ist der 400 m hohe Zuckerhut.

Rio de Janeiro, die „wunderbare Stadt", erstreckt sich rings um eine Bucht, die Gonçalo Coelho, ein portugiesischer Seefahrer, für eine riesige Flußmündung hielt, als er sie am 1. Januar 1502 entdeckte. Deshalb auch der Name Rio (Fluß) de Janeiro (Januar). Die Stadt ist von einer Anzahl von Stränden umgeben, deren bekanntester die Copacabana mit ihren luxuriösen Wohnsitzen ist. Eine Drahtseilbahn führt auf den Gipfel des Zuckerhuts, von wo aus man das gewaltige Panorama dieser schönsten Bucht der Welt überblickt. Vor den Toren der Stadt beginnt dichter, üppiger Wald. So liegt Rio de Janeiro umgeben von blauem Meer und grünem Wald.

Das Dach Europas   13

Der höchste Berg Europas, der Montblanc, ragt aus der französischen Alpenkette auf. Die Hänge des Montblanc-Massivs münden in französische, italienische und schweizer Bergtäler.

Der höchste Berg Europas mißt 4 810 m. Es ist der Montblanc, der einem ganzen Gebirgsmassiv seinen Namen gab, zu dem noch weitere hohe Berge gehören. Eine Zahnradbahn führt hinauf zum Mer de Glace, einem riesigen, 14 Kilometer langen Gletscher. Man kann den Montblanc mit der höchsten Drahtseilbahn der Welt über die Aiguille du Midi (3 843 m) passieren oder durch den 11,6 Kilometer langen Straßentunnel zwischen Chamonix in Frankreich und Aosta in Italien. Verschiedene Bergrouten ermöglichen den Alpinisten den Aufstieg zum Montblanc, doch alle sind gefährlich und fordern jedes Jahr viel zu viele Todesopfer.

Der Puy de Dôme   14

Nahe bei Clermont-Ferrand, im Zentralmassiv Frankreichs, erhebt sich der gleichmäßig geformte Kegel eines vulkanischen Berges mit abgerundetem Gipfel 1 465 m über seine Umgebung.

Der Puy de Dôme ist nicht der höchste, aber der bemerkenswerteste Berg des Zentralmassivs, weil er aus einer siebenhundert Meter hoch gelegenen Gebirgsebene herausragt. Auf einer spiralförmig um den Berg führenden Straße, von der aus man eine immer weiter reichende Aussicht genießt, gelangt man mit dem Auto hinauf zum Gipfel, wo sich ein meteorologisches Observatorium und ein Fernsehturm befinden. Bei den Bauarbeiten zu diesen beiden Gebäuden entdeckte man einen heidnischen Tempel, der dem Berggott Merkur geweiht war und aus dem ersten Jahrhundert stammte, und den Sockel einer riesigen Statue des Gottes Merkur. Der Puy de Dôme ist also ein historischer Berg.

Das Land der Madegassen   15

Östlich von Afrika liegt die große Insel Madagaskar, deren Einwohner, die Madegassen, sich in unterschiedliche Gruppen aufteilen die Howas, die Sakalaven, die Malaien, usw.

Auf Madagaskar, einer gebirgigen Insel mit tropischem Klima, ist es angenehmer und auch gesünder, auf den Bergen als an der Küste zu leben. Darum liegt auch Tananarivo, die Hauptstadt, auf der schönen Imerina-Hochebene in 1 305 m Höhe. Auf der Insel gibt es höchst sonderbare Tiere, zum Beispiel einen seltsamen Fisch, den Schlammspringer, der das Wasser verläßt und sich manchmal stundenlang an Land aufhält, wobei er seine Schwimmflossen wie Pfoten benutzt. Aus der Pflanzenwelt wäre der „Baum des Wanderers" zu erwähnen: eine Palme, die das Regenwasser in ihren Blattscheiden speichert und dem durstigen Wanderer eine nützliche Wasserreserve bietet. Noch tausend andere erstaunliche Dinge kann der Tourist im Land der Madegassen entdecken!

Der Talkessel von Gavarnie 16

Dieses natürliche Amphitheater in den französischen Pyrenäen wird zum Sammelbecken für die Wasser der Schneeschmelze und zum Ausgangspunkt des Sturzbaches von Pau.

Der Talkessel von Gavarnie bildet mitten in den Pyrenäen an der französisch-spanischen Grenze das hochgelegene Tal des Sturzbaches von Pau in der Form eines riesigen natürlichen Bekkens, das lebhaft an die von den Römern errichteten Arenen des Altertums erinnert. Drei übereinanderliegende konzentrische Terrassen werden von 1 200 bis 1 500 m hohen Felswänden überragt. Schneemassen, Firn und Eis häufen sich auf den Terrassen. Während der Schneeschmelze entstehen überall Wasserfälle. Der eindrucksvollste ist der Sturzbach von Pau, der aus einer Höhe von 442 m herunterstürzt. Auf einem viel begangenen Pfad kann man diese Sehenswürdigkeit zu Fuß oder auf dem Rücken eines Maultiers erreichen.

Die Schlucht von Roncevaux 17

Am 15. August 778 wurde die Nachhut der Armee Karls des Großen in der Schlucht von Roncevaux in den östlichen Pyrenäen, die ein Paß zwischen Spanien und Frankreich ist, von den mit den Sarazenen verbündeten Vaskonern angegriffen.

Die Nachhut stand unter dem Kommando Rolands, des Gouverneurs der Bretagne, und deckte die Armee, die von einer Strafexpedition gegen die ungläubige arabische Besatzung Spaniens zurückkehrte. Nachdem die Soldaten Karls des Großen Saragossa zerstört hatten, vereinigten sich die Vaskoner mit den Sarazenen, um ihre Stadt zu rächen. Daraus entstand die schöne Legende von Roland, dem Günstling und Neffen des Kaisers, und seinem heroischen Kampf gegen die Ungläubigen, die er unter Verzicht auf jeden Beistand mit seinem Schwert Durandal niedermetzelte, bis er der Übermacht erlag. Eine in den Fels geschlagene Bresche wird heute noch diesem legendären Schwert zugeschrieben.

Das sonnige Tahiti 18

Tahiti, die größte unter den Gesellschaftsinseln, gehört zu Französisch-Polynesien. Allgemein werden diese Gebiete im Pazifik als ein wahres Paradies auf Erden angesehen.

In Polynesien scheint das Leben noch angenehm und leicht. Klima, Meer und Landschaft tragen dazu bei, die Inseln zu einem erfreulichen Aufenthaltsort zu machen. Trotz der eindringenden modernen Zivilisation bewahren die Eingeborenen die Tradition ihrer Vorfahren: ein fröhliches Wesen, Gastfreundlichkeit, Einfachheit. Blaue Lagunen und grüne Palmen umgeben die goldenen Strände von Tahiti. Die reiche Vegetation bringt einen Überfluß an Blumen und Früchten hervor. Der fischende Tahitianer wählt seine Beute aus dem unerschöpflichen natürlichen Fischreichtum der Lagune. Mit seiner musikalischen Begabung findet er immer einen Anlaß, zum Klang der Gitarre zu singen oder zu tanzen. Viele Menschen träumen davon, wie der Maler Gauguin glücklich in diesem Paradies zu leben.

Die Gorges du Tarn 19

Eine der größten Touristenattraktionen Europas ist die 70 km lange Kette von Schluchten, die sich der französische Fluß Tarn in das Kalkgestein der Cevennen-Hochfläche gegraben hat.

Die Gorges du Tarn bieten eine Reihe großartiger, eindrucksvoller Anblicke. Der Flußlauf liegt in einem 400 bis 500 m tiefen Bett, das er sich in die Cevennen-Hochfläche gegraben hat. Eine Hauptattraktion für Touristen ist eine Bootsfahrt, die über eine lange Strecke den Tarn hinunterführt. Bei Tag ist das ein faszinierender Ausflug, aber bei Nacht bekommt das Ganze durch geschickt plazierte Scheinwerfer etwas Unwirkliches und Phantastisches. Innerhalb der Schluchten hat der Tarn keinen Nebenfluß, aber etwa vierzig Zuflüsse speisen ihn aus unterirdischen Wasserläufen.

Die Canyons des Colorado 20

Um zur Küste der Vereinigten Staaten am Pazifik vorzudringen, hat sich der Colorado in Millionen von Jahren ein tiefes Bett in die Hochfläche Arizonas gegraben: die Canyons.

Man kann sich nur schwer vorstellen, daß die Wasser eines Flusses Felsgestein bearbeiten können: Der Colorado hat sich durch ein 2 000 m hohes Felsplateau ein mehr als 1 800 m tiefes Bett gefressen. Sechs übereinandergestellte Eiffeltürme würden gerade noch aus diesem Abgrund herausragen, der die höchsten Berge der Vogesen oder des französischen Zentralmassivs in sich aufnehmen könnte! Stellenweise fallen die Felswände steil ab, stellenweise sind sie terrassenförmig in gelben und roten Steinschichten abgestuft. Touristen, die ins Grand Canyon hinuntersteigen, sind beeindruckt von den gewaltigen Ausmaßen und dem Gedanken, daß nach ein paar Stunden Regen der Fluß plötzlich 30 bis 40 m steigen und sie in wenigen Augenblicken hinwegspülen könnte ...

Das Eiserne Tor 21

Um sich zwischen den Karpaten und dem nördlichen Ausläufer des Balkanmassivs hindurchzuwinden, hat sich die Donau den als Eisernes Tor bekannten Durchbruch geschaffen.

Eigentlich ist das Eiserne Tor nur der Ausgang des langen Kasan-Engpasses, den die Donau zwischen Rumänien und Jugoslawien durchläuft. Auf einer Strecke von fünf Kilometern fließen die Wasser wildbewegt zwischen zwei 500 bis 600 m hohen Felswänden dahin, auf denen die Ruinen einst wehrhafter Burgen stehen. Die sonst so ausladende Donau ist hier nur 120 bis 200 m breit. Um den Fluß schiffbar zu erhalten, haben die beiden Anliegerstaaten, Rumänien und Jugoslawien, gemeinsam einen Staudamm und einen Kanal gebaut, die die Schiffe auf dieser zu jeder Jahreszeit viel befahrenen großen europäischen Verkehrsader vor jeder Gefahr bewahren.

Der gigantische Nil 22

Nachdem er von Süden nach Norden fließend halb Afrika durchquert hat, mündet der Nil ins Mittelmeer. Mit seinen 6 671 km ist er der längste Fluß der Welt.

Bis zum 19. Jahrhundert glaubten die Geographen, daß der Nil in einem noch unerforschten Felsmassiv im Inneren Afrikas entspringe, das unter dem Namen Mondgebirge bekannt war. Sie kamen mit dieser Annahme der Wahrheit sehr nahe. Der aus dem Victoriasee, einem regelrechten Binnenmeer, fließende Wasserlauf heißt Nil. Der Victoriasee seinerseits nimmt aber den Fluß Kagera aus den Ruanda-Bergen auf, so daß man die eigentliche Quelle des Nil in diesem Bergmassiv vermuten kann. Der Fluß bewegt 2 000 Kubikmeter Wasser pro Sekunde, was sich in der Zeit großen Wasserreichtums zwischen Juni und September auf 10 000 Kubikmeter erhöhen kann. Seine Deltamündung bedeckt eine Fläche von 160 auf 250 Kilometer.

Der mächtige Mississippi 23

Im Nordosten des Bundesstaates Minnesota entspringt auf gleicher Höhe mit den großen amerikanischen Seen der gewaltige Mississippi in dem kleinen Itascasee.

„Hier, 445 m über dem Meeresspiegel, beginnt der gewaltige Mississippi seinen kurvenreichen Lauf zum Golf von Mexiko über eine Strecke von 3 980 Kilometer!" So verkündet es dem Reisenden eine Tafel an der Quelle des berühmtesten amerikanischen Gewässers, das mit seinem Nebenfluß Missouri 6 420 km lang und damit der drittlängste Fluß der Welt ist — nach dem Nil und dem Amazonas. Noch nichts deutet jedoch darauf hin, daß dieses von Schilfrohr umgebene, sechzig Zentimeter tiefe Bächlein sich mit 40 000 Kubikmetern Wasser pro Sekunde, die ihm von seinen 250 Nebenflüssen herangetragen werden, in den Atlantik ergießen wird. Malerische Raddampfer sieht man noch immer neben modernen Schiffen auf dem Fluß verkehren.

Der stürmische Amazonas 24

Der Amazonas entspringt in 4 000 m Höhe in den Kordilleren Südamerikas, durchquert den Erdteil von West nach Ost und mündet nach 6 518 Kilometern in den Atlantik.

Der Amazonas befördert eine durchschnittliche Wassermenge von 100 000 Kubikmetern pro Sekunde in den Atlantik, so daß bis mehr als dreihundert Kilometer von der Küste entfernt die Farbe und der Salzgehalt des Meeres durch den gewaltigen Zufluß an schlammigem Wasser verändert werden. Man müßte den Wasserausstoß des Rheins verfünfzigfachen, um den des Amazonas zu erreichen. Der Amazonas und seine Nebenflüsse verlaufen durch undurchdringlichen Urwald und sind deshalb auch noch wenig erforscht. Zahlreiche Inseln und unzählige Sandbänke liegen in der zweihundert Kilometer breiten Mündung. Der Wind peitscht manchmal die Wasser des Amazonas zu mächtigen Wellen auf und erzeugt auf dem unteren Flußlauf regelrechte Sturmfluten.

Die Niagarafälle 25

Eine der berühmtesten Touristenattraktionen sind die Niagarafälle zwischen dem Erie- und Ontariosee in Amerika.

Niagara, eine indianische Bezeichnung, bedeutet „Donner der Wasser". Tatsächlich erzeugen fünfzehntausend Kubikmeter Wasser, die aus einer Höhe von siebenundvierzig Metern herabstürzen, einen ohrenbetäubenden Lärm. Die Reibung des Wassers nutzt den Fels ab, so daß der Wasserfall allmählich immer weiter zum Eriesee zurückweicht. Vor zwanzig- oder dreißigtausend Jahren stürzten die Wasser des Niagaraflusses senkrecht in den Ontariosee, heute befinden sich die Wasserfälle zwölf Kilometer davon entfernt! Boote bringen die Touristen bis nahe an den Wasserfall heran. Man kann sogar durch in den Fels geschlagene Gänge hinter der Wasserwand entlanggehen, sollte aber den Regenmantel nicht vergessen!

Die Côte d'Azur 26

Diese hübsche Bezeichnung, die an das Blau des Meeres erinnert, gilt der französischen Mittelmeerküste zwischen Marseille und der italienischen Grenze.

Die Küsten Frankreichs sind mit verschiedenen Beinamen versehen worden, die sich entweder auf die Farbe des Wassers oder die Eigenheiten der Küstenlandschaft beziehen. Die Côte Fleurie erstreckt sich von der Seine zur Orne. Die Côte de Nacre (Perlmutt) umfaßt alle Küstenstriche, an denen die Alliierten in der Normandie landeten. Die Côte d'Emeraude (Smaragd) zieht sich an der Bucht von St. Malo entlang. Die Côte de Granit Rose (rosa Granit) ragt zwischen Saint-Brieux und Morlaix auf. Die Côte du Léon (Löwe) im Norden und de la Cornouaille (bret. Landschaft) im Süden begrenzen das bretonische Kap Finistère. Die Côte Sauvage (Wilde Küste) ist eine Felsenreihe von Lorient bis Belle-Ile; die Côte d'Amour (Liebesküste) steigt von Belle-Ile bis Noirmoutiers allmählich an. Die Côte d'Argent (Silber) reicht von der Gironde bis zur spanischen Grenze. Am Mittelmeer tragen die Küstenstriche in der Gegend der Pyrenäen den Beinamen Côte Vermeille (vergoldetes Silber).

Die Victoriafälle 27

Die Eingeborenen nannten sie „Donnernder Rauch", ehe der englische Forscher Livingstone 1855 die Wasserfälle des Sambesi in Afrika entdeckte und sie zu Ehren seiner Königin „Victoriafälle" taufte.

David Livingstone, protestantischer Pfarrer aus England, besuchte als Missionar und Arzt unerforschte Gebiete in Südafrika, um die Eingeborenen zu bekehren und gesundheitlich zu versorgen. Nach der Durchquerung der Wüste Kalahari gelangte er an die Quellen des Sambesi. Bei der Erforschung des Oberlaufs stieß er auf ein außergewöhnliches Schauspiel: Aus einer Höhe von 110 m fiel schwindelerregend steil ein Wasserfall herab! Der an dieser Stelle 1 700 m breite Fluß stürzt senkrecht in eine 50 m breite Schlucht. Das Donnern des Wassers ist von weitem zu hören, und ein von herrlichen Regenbogen umgebener Nebelschleier liegt ständig darüber.

Der Fels von San Marino 28

Mitten in Italien, wenige Kilometer von Rimini und der Adria entfernt, sonnt sich auf ihrem 750 m hohen Felsen die kleine Republik San Marino.

San Marino, die kleinste und älteste aller Republiken auf der Welt, wurde im sechsten Jahrhundert auf dem Gipfel des Berges Titano von einem frommen Steinmetz gegründet, der dorthin geflohen war, um der Verfolgung durch die Römer zu entgehen und zu beten. Bald gesellten sich viele Anhänger zu ihm, das Gebiet wurde Republik und blieb es bis heute. Die Armee von San Marino, die die Neutralität des Staates verteidigen soll, hat etwa hundert Soldaten. Von der Stadt San Marino aus hat man Ausblick auf ein herrliches Panorama, das die Touristen in aller Ruhe bewundern können: In den Straßen der Stadt dürfen nämlich keine Autos fahren, und die Fußgänger können ungehindert umherschlendern.

Der Urwald 29

Riesige, undurchdringliche Wälder bedecken ganze Gebiete in den tropischen Zonen. Die größten dieser Urwälder gibt es um den Amazonas und in Äquatorial-Afrika.

Die tropischen Wälder sind ständig grün: Ein Baum wirft seine Blätter nicht länger als für einen Monat ab, und niemals entblättern sich alle Bäume zur gleichen Zeit. Der Urwald besteht aus drei horizontalen Abschnitten: Da sind die großen Bäume, die mit 50 m Höhe das Blattwerk ihrer mittleren Artgenossen überragen, wie etwa den Mahagonibaum, den Okumé, die Zeder und den Palisanderbaum... Diese wieder bilden in 25 m Höhe ein dichtes Blätterdach, das fast alles Sonnenlicht abschirmt. Am Boden wachsen nur Sträucher und ein unentwirrbares Lianengeflecht, die nach Sonne hungern. In dieser üppigen, schwer zugänglichen und unwirtlichen Pflanzenwelt leben dennoch versteckt einige seltene und arme Nomadenstämme wie Pygmäen und Jiwaro-Indianer.

Die sibirische Taiga 30

Die Taiga ist das ausgedehnteste Waldgebiet der Welt. Im Norden Asiens zwischen Europa und dem Pazifik gelegen, nimmt sie etwa acht Millionen Quadratkilometer ein.

Tannen, Lärchen, Fichten (alles Bäume mit widerstandsfähigem Grün), gemischt mit weißstämmigen Birken, Weiden und verkrüppelten Pappeln (Bäume feuchtkalter Zonen, die einen sechs bis acht Monate dauernden Winter überstehen), bilden den Wald der Taiga. Die umgestürzten Stämme der ältesten Bäume überziehen sich mit grünem Moos. Wenn in der nördlichen Taiga der Frost die Insekten vernichtet hat, kommt kein Vogel, um sie zu vertilgen. Auch die Fleischfresser finden keine Beute: Der Wald hüllt sich in Schweigen. Während der sehr kurzen warmen Jahreszeit lebt der Wald etwas auf. Dann kann man Jagd auf Pelztiere wie den Marder oder den Zobel machen. Doch bald kommt wieder der Frost und mit ihm das monatelange große Schweigen.

Die Pampa 31

Die Pampa, eine weite Ebene in Argentinien, ist das Gebiet der mit grasartigem Gestrüpp bewachsenen Weideflächen, wo riesige Herden wilder Rinder und Schafe weiden.

Die enorme Weite der flachen Landstriche, die einen Teil Südamerikas ausmachen, erklärt die von den Argentiniern praktizierte Art von Viehzucht, die darin besteht, daß man die Herden frei auf Futtersuche gehen läßt. Je nach Jahreszeit und Graswuchs legen die Tiere weite Strecken zurück. Die Herden werden bewacht, versorgt und manchmal auch angeführt von berittenen Hirten, den Gauchos, die mit dem Lasso ebenso gut umzugehen wissen wie mit der Bola, wenn es darum geht, ein Tier einzufangen. Die Landgüter oder Estanzias sind so riesengroß, daß man oft das Flugzeug als Transportmittel benutzt, um ins Innere der Ländereien zu gelangen.

Die Pußta 32

Pußta ist das ungarische Wort für „Wüste" und bezeichnet die weite ungarische Ebene, ehemalig Steppe, östlich der Donau, die heute durch Bewässerung und Anbau verwandelt ist.

Die Pußta ist heute nicht mehr die große Gras- und Sandwüste von einst, auf der große Herden weideten. Durch Anpflanzung von Akazien hält man die Dünen an Ort und Stelle, während anderswo durch künstliche Bewässerung Ackerwirtschaft und sogar der Anbau von Reis möglich wurde. Trotzdem weiden noch immer große Herden von Pferden, Rindern und Schafen in der Pußta, geleitet von seltsamen berittenen Hirten, den Csikós, die mit viel Geschick das Lasso schwingen und Treibsandflächen auszuweichen wissen. Diese stolzen Magyaren galoppieren über die Steppe wie einst Attila, der Anführer der Hunnen, der fraglos aus der ungarischen Pußta stammte und als ältester Nationalheld des Landes der Zigeuner gilt.

Die Everglades 33

Die berühmten Sümpfe des amerikanischen Naturschutzgebietes auf Florida bedecken eine Fläche von 13 000 qkm. Die im Wasser gedeihende Vegetation und die eigenartige Tierwelt, früher das Ziel von Jägern, steht jetzt unter Naturschutz.

In den Everglades verfolgt man das Ziel, das pflanzliche und tierische Leben der Sümpfe im Urzustand zu bewahren. Den Besuchern, die die Schönheiten einer verschwenderischen und zugleich grausamen Natur bewundern, sind Jagd und Zerstörung verboten. Ein dichter Wald aus Zypressen und Eichen läßt kaum Sonnenlicht eindringen, und doch blühen dort die schönsten Blumen wie Gardenien, Azaleen und Kamelien. Im feuchten, warmen Unterholz wimmelt es von oft gefährlichen Tieren: gefräßigen Krokodilen, Schwärmen von Moskitos, giftigen Schlangen und Riesenkröten... Ein Ausflug in die Everglades ist zugleich ein schönes und angsterregendes Erlebnis!

Die Wüste Gobi 34

Im Zentrum Asiens, in der Mongolei, durchqueren wie einst noch immer schwerbeladene Kamelkarawanen die riesige Sand- und Steppenfläche der Wüste Gobi.

Im Inneren des östlichen Asiens liegt eine weite Wüstenfläche, die die Chinesen Cha-mo nennen. Sie war einst das Zentrum des gewaltigen Reiches Dschingis-Khans, der im 13. Jahrhundert über Asien herrschte und Europa in Angst und Schrecken versetzte. Die Karawanen mit den kostbaren Gewürzen aus China legten durch die Wüste eine Strecke von 2 000 km über Dünen und steinige Ebenen zurück. Noch heute besorgen sie den Warenaustausch zwischen den beiden Mongoleien. Die überaus widerstandsfähigen Tiere und Reiter ertragen extreme Temperaturen: + 45° im Sommer und − 40° im Winter! Die wenigen, mit Schwefel und Salz gesättigten Seen erquicken nur die Kamele; sie begnügen sich mit diesem wenig appetitlichen Wasser, das die Reiter nicht trinken mögen.

Das Tal des Todes 35

In Kalifornien, einem Gebiet der USA, das am Rande des Pazifik liegt, breitet sich ein grausiges, wüstenartiges Tal aus, das die ersten Siedler mit Recht das „Tal des Todes" nannten.

Kalifornien ist ein Land der Kontraste. Neben üppig grünen, fruchtbaren Tälern besitzt es auch eine der trostlosesten Wüsten der Welt. Die Goldsucher nannten sie „Death Valley" — das Tal des Todes —, weil so viele ihrer Gefährten beim Durchqueren der Salzwüste durch Verdursten, Sonnenstich oder Erfrieren den Tod fanden. Das fünfundachtzig Meter unterhalb des Meeresspiegels liegende Tal ist der tiefste Punkt des amerikanischen Kontinents. Es regnet dort nur selten und gerade so viel, daß es die hier und dort vorhandenen Salzwasserlagunen verdünnt, aber keineswegs genug, um eine noch so spärliche Vegetation entstehen zu lassen.

Die riesige Sahara 36

Die Sahara in Afrika, größte Wüste der Welt, erstreckt sich über 4 000 km von Ost nach West und fast 2 000 km von Nord nach Süd. Doch nicht immer schon war sie Wüstenlandschaft.

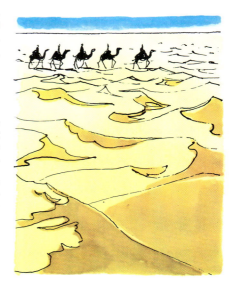

Vor Tausenden von Jahren, war die Sahara ein fruchtbares Gebiet, von zahlreichen Flüssen bewässert, deren ausgetrocknete Täler man heute noch verfolgen kann. Pflanzen, Tiere und Menschen hatten dort ein leichtes Dasein. Vor kurzem entdeckte Felszeichnungen und Ausgrabungen haben es ermöglicht, das Leben der Vergangenheit in der Sahara zu rekonstruieren. Da gab es zunächst vor etwa achttausend Jahren das Zeitalter der Jäger, die mit Pfeil und Bogen Wild und Rinder jagten. Dreitausend Jahre später folgte das Zeitalter der Hirten und Bauern. Schließlich folgte das ägyptische Zeitalter, dessen Kultur die Sahara noch erreicht haben muß, ehe dieses Paradies zur Wüste wurde.

Die 7000 Inseln der Philippinen 37

Mit seinen vielen Inseln, von denen einige nicht einmal einen Namen haben, stellt der Philippinen-Archipel eine wirkliche Kuriosität der Natur dar. Die Inselkette bildet die Grenze zwischen dem Chinesischen Meer und dem Pazifik.

Der Archipel der Philippinen besteht aus mehr als 7000 Inseln vulkanischen Ursprungs. Inseln wie Luzon und Mindanao haben etwa ein Fünftel der Fläche Frankreichs, andere sind unsagbar winzig, aber alle sind bewohnt. Würde man jeden Tag eine Insel besuchen, müßte man zwanzig Jahre unterwegs sein, bis man diesen tropischen Archipel kennt, dessen günstiges Klima zwei Reisernten pro Jahr ermöglicht. Immer aber auch sind die Inseln von Taifunen heimgesucht und von Erdbeben erschüttert worden. Der Regenreichtum läßt dichte Wälder an den Berghängen wachsen, die, wie etwa auf Luzon, mit terrassenartig angelegten Reisfeldern wechseln. Natürlich sind die Inselbewohner auch gute Fischer.

Das freie Thailand 38

Über der Halbinsel Indochinas und auf einen Teil der malaiischen Halbinsel erstreckt sich das alte Königreich Siam, das heute Thailand, also „Land der Freien", heißt.

Thailand, gleichzeitig Reisanbaugebiet und Lieferant von Ebenholz, Kautschuk und Diamanten, zählt dreißig Millionen Einwohner, überzeugte Buddhisten, die im Laufe der Jahrhunderte überall im Land zur Ehre ihrer Gottheiten Tempel und Klöster bauten. Einer der berühmtesten ist der Phra-Patom-Chedi nahe der Hauptstadt Bangkok. Sein Bau wurde im sechsten Jahrhundert begonnen. Seine glockenförmige Kuppel trägt einen spitzen Turm, „stûpa" genannt, dessen Spitze hundertfünfzehn Meter aufragt. Buddhistische Pilger kommen aus aller Welt herbei, um in dem Heiligtum Erbarmung zu finden und zu beten, wo in einem großen Reliquienschrein die Gebeine des Religionsstifters Buddha enthalten sein sollen.

Die Borromeischen Inseln 39

Im Süden der italienischen Alpen weitet sich das Tal des Tessin zum Lago Maggiore, in dem die drei hauptsächlich wegen ihres zauberhaften Klimas berühmten Inseln liegen.

Der Lago Maggiore ist fünfundsechzig Kilometer lang. Sein nördlicher Teil heißt auch Locarno-See und gehört zur Schweiz. Der südliche Teil, von der Sonne verwöhnt und durch die hohe Barriere der Alpen vor Nordwinden geschützt, ist italienisch. Es herrscht dort im Winter ein außerordentlich mildes und im Sommer ein besonders sonniges Klima, so daß man auf den Borromeischen Inseln alle tropischen Pflanzen ziehen kann. Auf der Isola Madre gibt es einen herrlichen botanischen Garten. Die Isola dei Pescatori (Insel der Fischer) hat Maler aus aller Welt zu Gast, die dort ihre Kunst der Farbgebung erproben. Die berühmteste und malerischste aber ist die Isola Bella.

Der Malstrom bei den Lofoten 40

An der Atlantikküste Norwegens, inmitten der Inselgruppe der Lofoten, kreist der Malstrom, ein für die Schiffahrt gefährlicher Wasserwirbel.

Den Lofoten-Malstrom hat Jules Verne in seinem Roman „Zwanzigtausend Meilen unter dem Meer" sehr genau beschrieben. Er läßt darin ein Unterseeboot mit dem Namen „Nautilus" Schiffbruch erleiden. Es gibt noch andere ähnliche Malströme, die alle durch heftige Gezeitenströme hervorgerufen werden; sie entstehen in einer engen Fahrrinne und bilden einen tiefen Wassertrichter, der sich in einer unaufhörlichen Drehbewegung befindet. Eine ähnliche Erscheinung gibt es in der Straße von Messina zwischen Italien und Sizilien. Man nennt sie Calofaro oder Charybdis. Wenn die Schiffe dort versuchen, dem Strudel auszuweichen, laufen sie Gefahr, an den Felsen von Scylla zu zerschellen ...

Der Golfstrom 41

Der Golfstrom, eine warme Meeresströmung, entsteht zwischen der Halbinsel Florida und der großen Insel Kuba im Golf von Mexiko und fließt durch den Atlantik nach Norden.

Der Temperaturunterschied zwischen den Wassern der verschiedenen Ozeane der Erde erzeugt eine Anzahl ständiger kalter oder warmer Meeresströmungen. Einige davon sind so lang und breit, daß man behaupten könnte, die größten Flüsse der Erde fließen im Meer! So erreicht der Golfstrom eine Breite von 50 Kilometern und eine Tiefe von 1 000 Metern. Er „fließt" mit einer Durchschnittsgeschwindigkeit von 4 bis 5 km pro Stunde. Sein warmes Wasser (es hat, ob Sommer oder Winter, durchschnittlich 25° C) mildert an allen europäischen Meeresküsten die winterlichen Temperaturen ganz beachtlich. So hat zum Beispiel Amerika in den gleichen Breiten ein wesentlich strengeres Klima.

Die Sargassosee 42

Die Sargassosee wirkt wie eine schwimmende Weidefläche. Sie besteht aus unzähligen Algen, die sich zwischen Azoren und Bermudas mitten im nördlichen Atlantik entwickeln.

Der nördliche Atlantik wird von ständigen Meeresströmungen durchflossen, wie z. B. vom kalten Labradorstrom oder vom warmen Golfstrom. Inmitten dieser bewegten Strömungen liegt eine stille Zone warmer Gewässer, die Sargassosee, benannt nach dem Sargassokraut (Sargassum), das auf einer Fläche von etwa acht Millionen Quadratkilometern auf dem Wasser schwimmt und sich vermehrt. Von fern werden weitere Algen durch die Strömungen herangetragen und finden Halt. Zahllose kleine Tiere, die ihrerseits den größeren Fischen als Nahrung dienen, finden in dieser üppigen Vegetation Nahrung und Unterschlupf. Jedes Jahr versammeln sich nach einer langen, mühseligen Reise die Aale Europas in der Sargassosee, um zu laichen.

Die großen Seen 43

Vier der fünf großen Seen Nordamerikas bilden die Grenze zwischen den Vereinigten Staaten und Kanada; sie sind so groß, daß man sie für Meere halten könnte. Von ihrer Mitte aus kann man die Ufer rundum nicht sehen.

Die großen Seen liegen im Grenzgebiet zwischen den Vereinigten Staaten und Kanada. Die größten drei enthalten insgesamt so viel Wasser wie der Kanal zwischen England und Frankreich. Der Wasserspiegel des Oberen Sees liegt sechs Meter über dem des Michigan- und des Huronsees; dazwischen gibt es einen Wasserfall von 12 m Höhe — den Saint-Marie-Wasserfall. Im Eriesee sammelt sich das Wasser aus den drei vorstehend genannten Seen. Es wird zum Ontariosee weitergeleitet, der 100 m tiefer liegt. Wegen dieses Höhenunterschieds entsteht der bekannteste Wasserfall der Welt: Niagara. Durch den St. Lorenz-Strom und die damit verbundenen Kanalnetze können Schiffe von den großen Seen in den Ozean gelangen.

Das Tote Meer 44

Das Tote Meer, ein großer Salzsee im Nahen Orient, erstreckt sich teilweise auf der Grenze zwischen Jordanien und dem Staat Israel.

Die Oberfläche des Toten Meeres liegt 393 m unter dem Meeresspiegel des ihm benachbarten Mittelmeeres, und die Touristen, die an seinen Ufern spazierengehen, befinden sich am tiefsten Punkt der gesamten Erdoberfläche. Dieser See mit einer Länge von fast 100 Kilometern führt ein außergewöhnlich salziges Wasser: Während Meerwasser höchstens 4 Prozent Salz enthält, erreicht das Wasser des Toten Meeres den unglaublichen Gehalt von 26 Prozent. Ohne zu schwimmen, ja ohne sich zu rühren, bleibt man beim Baden auf dem Wasser liegen, und man kann gemütlich seine Zeitung lesen, während man sich auf dem Rücken dahintreiben läßt. Doch der Überfluß an Salz verhindert jegliches Leben im See, der darum zu Recht Totes Meer genannt wird.

Der tiefe Baikalsee 45

Im Norden der Mongolei, in Zentralsibirien und mitten im asiatischen Kontinent liegt der tiefste See der Welt. Es ist der mehr als 1 700 Meter tiefe Baikalsee.

Man nennt ihn „See", aber seiner riesigen Ausmaße wegen könnte man fast vom Baikal-Meer sprechen: Er ist 640 Kilometer lang bei einer durchschnittlichen Breite von 75 Kilometern! Die dort vorkommenden Stürme sind für die Fischer gefährlich, aber der mildernde Einfluß der großen Wassermasse wirkt sich günstig auf das Klima der Umgebung aus. Obwohl die Oberfläche des Baikalsees in 488 m Höhe liegt, reicht sein Grund bis zu 1 253 Meter unterhalb des Meeresspiegels, so daß damit eine Rekord-Wassertiefe von 1 741 Meter erreicht wird! In der Tiefe des Sees existieren sonderbare blinde Fische und überhaupt eine ganz eigenartige Lebenswelt, die die Naturwissenschaftler fasziniert.

Der Titicacasee 46

Der berühmte große See in den Anden Südamerikas liegt 3 812 m hoch und gehört zu zwei südamerikanischen Staaten: Bolivien und Peru.

Mit seinen 6 900 Quadratkilometern gleicht der Titicacasee eher einem Meer als einem See: Man könnte fast zwölfmal den Genfer See in ihm unterbringen! Da er schiffbar ist, stellt er die günstigste Verkehrsverbindung zwischen Bolivien und Peru dar. In seinem berühmt klaren Wasser wimmelt es von Fischen. Die fruchtbaren Ufer tragen reiche Ernten an Gerste und Mais. So verschafft der Titicacasee einer großen Zahl indianischer Bauern eine Existenz. Das im Wasser wachsende Schilfrohr dient zur Herstellung eigentümlicher Boote, mit Segeln, die aus einer anderen Schilfart gewebt wurden. Sogar ganze Fischerdörfer sind auf großen schwimmenden Inseln aus angehäuftem dürrem Schilf errichtet.

Der Crater Lake 47

Zu den Besonderheiten in der Natur zählen unter anderem die Seen in Vulkankratern. Der eigenartigste ist wohl der Doppelsee im Nationalpark von Oregon im Westen der USA.

Ein Krater ist die Aushöhlung auf dem Gipfel eines Vulkankegels an der Stelle, wo der Kamin des Vulkans endet. Ist der Vulkan erloschen, füllt sich der Krater mit Wasser, und es entsteht ein kreisrunder, oft tiefer und finsterer See. Der bekannteste und außergewöhnlichste von allen ist der „Crater Lake" mit einem Durchmesser von zehn Kilometern. Er ist von vulkanischen Felswänden umgeben, die zwischen 200 und 600 Meter hoch sind. Dieses eigentliche Binnenmeer, in dem sich das Blau des Himmels spiegelt, erreicht stellenweise eine Tiefe von 700 Metern. Das Sonderbarste ist aber ein zweiter, nachträglich entstandener Vulkankegel in der Mitte des Sees, in dessen Krater sich ein zweiter kleiner See befindet.

Die Lagune von Venedig 48

Die Stadt Venedig, eine Kostbarkeit Italiens, erstreckt sich mitten in einer riesigen Lagune der nördlichen Adria, die aus Anschwemmungen der Piave und des Po entstand.

Die seltsame Stadt Venedig mit ihren mehr als 100 000 Einwohnern ist auf 118 durch 177 Kanäle voneinander getrennten Inseln erbaut, die durch fast 400 Brücken verbunden werden. Die Straßen und Gassen der Innenstadt sind nur Fußgängern zugänglich. Der städtische Verkehr vollzieht sich auf dem Wasser mit Gondeln, Motorbooten und kleinen Dampfern. Per Boot sammeln die Straßenkehrer die Abfälle ein, liefern die Händler ihre Waren. Der Leichenwagen ist auch ein Boot, das auf dem Canale Grande zur Insel San Michele, dem Friedhof der Stadt, fährt. Der besondere Anblick Venedigs, seine Denkmäler, seine Feste und sein Klima locken viele Touristen an.

Der Marianen-Graben 49

Im Pazifik gibt es die größten Meerestiefen der Erde. Der Marianen-Graben nördlich von Australien reicht tiefer als elf Kilometer.

Als es 1951 dem Schiff „Challenger II" gelang, eine Sonde bis auf 10 863 m Tiefe hinunterzuschicken, wußte man, daß damit eine Meerestiefe entdeckt war, die alle bisher bekannten (Philippinen, 10 540 m — Japan, 10 535 m — Kermadecinseln, 9 425 m) übertraf. In der Tat registrierte dort sieben Jahre später das russische Schiff „Vitiaz" die eindrucksvolle Tiefe von 10 960 m. Hier schien die geeignete Stelle, ein Bathyscaphe hinunterzulassen. Nach einigen Versuchen ließ man 1960 die „Trieste" in den Marianengraben bis zu einer Rekordtiefe von 11 520 m hinunter! Der Mount Everest mit seinen 8 848 m Höhe könnte ohne weiteres darin versinken!

Die Antarktis 50

Der Südpol liegt mitten in der Antarktis, einem Kontinent der australischen Hemisphäre, der die zwanzigfache Größe Frankreichs hat und ständig mit Eis bedeckt ist.

Der antarktische Polarkreis umgibt den sechsten Kontinent der Welt, der von Atlantik, Pazifik und Indischem Ozean begrenzt wird. Im Sommer — d. h. im Dezember/Januar — steigen die Temperaturen nicht über 0°. Die Antarktis ist das Gebiet des ewigen Eises, das Land und Meer bedeckt und manchmal eine Dicke von 4 000 m erreicht. Man hat ausgerechnet, daß 90 Prozent des Süßwasserbestandes der Erde im australischen Eis gebunden sind! Im innersten Bereich dieses Kontinents hat man die tiefsten Temperaturen der Erde (—88° im August 1960) und die größten Windstärken (mehr als 250 km/h) gemessen. Die Antarktis ist also nicht gerade ein behaglicher Aufenthaltsort!

Der Old Faithful im Yellowstone 51

Der „Old Faithful" ist einer der zehntausend Geysire im Yellowstone-Nationalpark in den USA. Er ist der berühmteste und meistbesuchte Geysir der Welt.

Mit erstaunlicher Regelmäßigkeit schleudert der Old Faithful vierzigeinhalb Minuten lang — und das alle fünfundsechzig Minuten — eine Wolke aus Dampf und kochendem Wasser in die Höhe. Vor jedem Ausbruch ertönt dumpfes Grollen, das an lauten Trommelwirbel erinnert. Dann erhebt sich die schäumende Wassermasse etwa fünfzig Meter hoch und erzeugt dabei zum Entzücken der fotografierenden Touristen herrliche Regenbögen. Der „Riese" im gleichen Park könnte mit seinen fünfundsiebzig Metern Höhe, die er eine Stunde lang einhält, leicht die Gunst des Publikums für sich gewinnen, wenn er seinen schleppenden Rhythmus aufgäbe: Er hat nämlich nur einen Ausbruch pro Woche!

Die Grotten von Postojna   52

Zwischen Triest und Ljubljana, unter der Hochebene der Pivka, liegen eingebettet in den Kalksteinboden Jugoslawiens die weitläufigen Grotten von Postojna.

Die Hochebene der Pivka ist zweifellos das höhlenreichste Gebiet Europas. Die durch natürliche Korridore miteinander verbundenen zweitausend unterirdischen Höhlen von Postojna ermöglichen dem Touristen einen fünfzehn Kilometer langen Ausflug unter Tage, von dem er den ersten Streckenabschnitt mit einer kleinen Eisenbahn zurücklegt. Sommers wie winters herrscht in den Grotten eine Temperatur von 8°, so daß die Besucher sich am Eingang mit wärmenden Umhängen versehen müssen, die man ihnen leiht. Man darf allerdings die gefährlichen Stollen nicht betreten, die von Wasserläufen ausgehöhlt wurden, wie zum Beispiel vom Timavo, der vierzig Kilometer unterirdisch verläuft, ehe er wieder an die Erdoberfläche tritt.

Der Krater des Meteors   53

In Arizona in den USA gibt es eine riesige Aushöhlung im Boden, die an einen Vulkankrater erinnert. Es ist die Spur eines gewaltigen Meteoriten, der vom Himmel stürzte!

Es ist bekannt, daß Steine vom Himmel fallen. Die Wissenschaftler nennen sie Aerolithen oder Meteoriten. Weniger bekannt ist, daß täglich Steine mit einem Gesamtgewicht von etwa sechs Tonnen überall auf die Erdoberfläche fallen. Zum Glück sind es sehr viele, und ihre Größe übertrifft im allgemeinen nicht die eines Stecknadelkopfes, so daß sie meist keine Gefahr darstellen. Es kommt allerdings vor, daß einer einmal schwerer ist und zerspringt, wie im April 1803 bei Laigle in der Normandie. Man fand dort dreitausend Bruchstücke, von einem Gramm bis zu zehn Kilo schwer. Wie mag also der Meteor ausgesehen haben, der in Arizona den größten Krater der Welt schuf — mit einem Durchmesser von 1 200 m und einer Tiefe von 180 m?

Das Monument-Valley   54

Zahlreiche Westernfilme mit Überfällen der Rothäute wurden in der Landschaft des Monument Valley, dem Land der Navajo-Indianer in Arizona, gedreht, das heute ein Schutzgebiet der Vereinigten Staaten ist.

In der mit rotem Sand bedeckten Wüste Arizonas erheben sich imposante, von der Erosion gemeißelte Felsen. Ihre oft kolossalen Ausmaße erwecken den Eindruck seltsamer Ruinen von Kirchen, Schlössern oder Türmen ... John Ford drehte dort einige seiner berühmten Westernfilme. In dieser Wüste heulen fürchterliche Sandstürme. Die Sandkörnchen schleifen den Fels ab, und so entstanden zum Beispiel das riesenhafte „Ohr des Windes" oder künstliche Brückenbögen, die sich nur über Sand spannen. Sechshunderttausend Indianer leben noch in dieser grandiosen Kulisse, wo die Temperaturen zwischen 40° über und 25° unter Null schwanken können. Aber die Zeit der Postkutschen ist vorbei.

Der großartige Sogne-Fjord 55

Fjorde sind Täler, durch die sich einmal Gletscher bewegten. Norwegens Küste ist von vielen Fjorden tief eingeschnitten. Der Sogne-Fjord nördlich von Bergen ist der längste und schönste.

Als sie von den Gebirgen Skandinaviens abrutschten, schnitten die Gletscher tiefe Täler in die Felsen, ehe sie den Atlantik erreichten. Später, als es hier keine Gletscher mehr gab, drang das Meer weit in diese Täler ein und bildete „Meeresarme". Der Sogne-Fjord ist 204 Kilometer lang, und seine Breite wechselt zwischen wenigen hundert Metern und mehreren Kilometern. Wie alle Fjorde ist er tief genug, daß große Schiffe ihn weit hinauffahren können. Stellenweise ereicht er eine Tiefe von 1 000 m, und die ihn einfassenden Felswände ragen etwa ebenso hoch auf. Viele Wasserfälle stürzen herunter, und der Lachs, ein beliebter Beutefisch, kommt in die Fjorde, um dort im Versteck zu laichen.

Die Mammuthöhle 56

In den Vereinigten Staaten von Amerika gibt es die riesigsten und berühmtesten Grotten der Welt wie die Mammuthöhle in Kentucky oder die von Carlsbad in Texas.

Wenn auch die Mammuthöhle „nur" achtundvierzig Kilometer lang ist, ermöglichen die rings um sie liegenden Gänge eine unterirdische Rundreise von mehr als 240 Kilometern! Die Grotte ist Treffpunkt von Amateur-Speläologen und Besuchern des Nationalparks, durch den dieses Gebiet über und unter der Erde geschützt ist. Entdeckt wurde die Grotte 1799 durch einen Jäger, der eine Bärin verfolgte. Er ahnte nicht, daß diese Höhle aus fünf übereinander lagernden Etagen und mehr als vierhundert verschiedenen Gängen besteht! Eine besondere Attraktion ist der „Saal der Glockenspiele": Wenn man mit dem Finger an bestimmten Stalaktiten kratzt, löst man harmonische Töne aus, die unter den Gewölben widerhallen.

Die Straße der Riesen 57

Im Norden Irlands kann man eine eindrucksvolle Sehenswürdigkeit besichtigen: die Straße der Riesen, eine Besonderheit der Natur, die vulkanischen Ursprungs ist.

Mehr als 40 000 Basaltsäulen erheben sich plump von diesem wilden Schauplatz. Einer Legende nach handelt es sich um Bauten einer Triumphstraße, die für die irischen Riesen, die ersten Einwohner der Insel, errichtet wurde. In Wirklichkeit entstand die Straße der Riesen durch einen mächtigen Lavastrom, der plötzlich erkaltete und zu riesigen Prismen mit parallelen Kanten kristallisierte. In kleineren Ausmaßen findet man das gleiche Phänomen im Zentralmassiv Frankreichs, bei den so entstandenen Orgeln von Espaly, von Bort oder von Saint-Flour. Die Basaltprismen in Irland bilden Treppen, Terrassen, ein Amphitheater und eine Straße, die sich unter Wasser weit ins Meer hinein fortsetzt.

Der versteinerte Wald 58

Im Staate Arizona in den USA gibt es viele Besonderheiten der Natur: Das Grand Canyon, das Tal des Todes und den Versteinerten Wald.

Wir kennen die ersten Lebewesen der Erde nur dank der Reste und Versteinerungen, die sie in den Mineralien hinterlassen haben. In dem großen versteinerten Wald von Arizona jedoch sind es die Bäume selbst, die mit Mineralstoffen imprägniert und zu Stein wurden. Im Querschnitt kann man die winzigsten Einzelheiten ihres Aufbaus erkennen, und jede Maserung im Holz ist zu Quarz in den schönsten Farbtönungen verwandelt. Ohne Zweifel wurden diese Bäume von einem Wasser durchtränkt, das reich an Mineralsalzen war. Die umgestürzten Stämme bedecken den Boden wie die zylindrischen Bruchstücke antiker Säulen. Der Anblick dieses seit Jahrtausenden erstarrten Waldes ist überwältigend.

Der Turm des Teufels 59

Zu den vielen Überraschungen, die die Natur uns zu bieten hat, gehört auch der ungewöhnliche Turm des Teufels, eine bekannte Touristenattraktion in Wyoming, USA.

Der Turm des Teufels verdankt seine sonderbare Form vulkanischem Ursprung: Zweifellos handelt es sich dabei um den Abguß eines Vulkan-Kamins, dessen Lavamassen beim Abkühlen lange vertikale Streifen gebildet haben, ähnlich wie bei den Orgeln von Saint-Flour oder von Bort in Frankreich oder wie bei den aufgehäuften Prismen, die die Straße der Riesen in Irland bilden. Eine indianische Legende kündet, die Streifen seien durch die Tatzenschläge eines riesigen Bären aus den umliegenden Wäldern entstanden. Der Basaltsockel hat eine so regelmäßige Form, daß man ihn von weitem tatsächlich für einen Turm halten kann — erbaut von Menschen, oder vielleicht doch vom Teufel ...?

Grönland — eine Eisinsel 60

Nordöstlich von Nordamerika, zwischen Atlantik und Polarmeer, erstreckt sich diese mit Gletschern bedeckte Insel. Sie ist viermal so groß wie Frankreich.

Der Isländer Erik der Rote entdeckte um das Jahr 1000 diese größte Insel der Erde in der Klimazone der Polargebiete. Obwohl sie Grüne Insel (auf englisch: Greenland) genannt wird, besitzt sie nur eine spärliche Vegetation aus Moosen und Flechten, winzigen Birken und wenigen Weiden. Trotzdem erlaubt der kurze Sommer im Süden der Insel eine bescheidene Landwirtschaft. Das zu Dänemark gehörende Grönland hat etwa zweihundert Ortschaften, von denen aber nur sieben mehr als fünfhundert Einwohner zählen! Die Insel ist zum Erforschungsgebiet geologischer und meteorologischer Fragen für zahlreiche internationale Expeditionsteams geworden.

Der Vatna-Gletscher 61

Dieser Gletscher, auch Vatna-jökull genannt, bedeckt einen Teil Islands und ist der größte Gletscher Europas.

Island heißt eigentlich „Eisland", und diese Bezeichnung ist nicht verwunderlich, denn Island liegt am Rande des Polarmeeres. Es ist die größte Insel Europas mit einer Fläche, die einem Fünftel von Frankreich entspricht. Der Gletscher des Vatna, eine riesige Kuppel aus Eis und Schnee, bedeckt die höchsten Gipfel der Insel (1669 m) und hat selbst eine Oberfläche von mehr als 12 000 qkm. Der Vatna-jökull läßt Flüsse entstehen, die so wild und ungebändigt sind, daß die Menschen die Täler meiden. Durch Ausbrechen heißer Quellen schmelzen gewaltige Mengen Eis. Die Folge ist plötzliches Hochwasser.

Die Landes und ihr Wald 62

Im vorigen Jahrhundert entstand auf den Heideflächen der Gascogne entlang der französischen Atlantikküste ein Kiefernwald von 230 Kilometern Länge und 100 Kilometern Breite.

Bis zum Ende des 18. Jahrhunderts waren die Heidegebiete der Gascogne, die Landes, eines der vernachlässigsten Gebiete in Frankreich. Die Dünen, die auf 230 Kilometer Küste entstanden, bewegten sich vom Wind getrieben in parallelen Wellen ins Innere des Landes. Pro Jahr nahmen sie 20 bis 30 Meter Land in Besitz, bedeckten Bauernhäuser, erstickten die spärlichen Gräser und Heidekräuter und stauten das Wasser zu übelriechenden Sümpfen... Im Winter rüsteten sich die Heidebewohner mit langen Stelzen aus, um diese sumpfigen Landstriche zu passieren... Schließlich hat man dort Millionen von Kiefern gepflanzt, um den Sand festzuhalten und die Verdunstung des Wassers zu beschleunigen. So entstand eines der schönsten Waldgebiete Frankreichs.

Die wilde Camargue 63

Wo sie ins Mittelmeer mündet, bildet die Rhône ein Delta, dessen Seiten ungefähr je 40 Kilometer messen. Dieses flache und sumpfige Landdreieck, die Camargue, wurde durch die Ablagerungen der Rhône dem Meer abgewonnen.

Die Camargue ist eine Ebene aus Wasser, Morasten und angeschwemmtem Land, wo Schilfrohr und Wasserpflanzen wachsen. In den Teichen und abgetrennten Meeresarmen steht oft Brackwasser. Halbwilde Pferde und Stiere werden in dieser Gegend gezogen, deren Herden von den Cowboys der Camargue bewacht und versorgt werden. Die sonnigen Sümpfe haben sich als gut geeignet für Reisanbau erwiesen. Während des letzten Krieges reichten die Reiserträge der Camargue aus, ganz Frankreich zu versorgen. Südlich des Weihers von Vaccarès bietet ein Schutzgebiet von fünfzehnhundert Hektar Tausenden von Zugvögeln Gelegenheit zum Ausruhen. Die graziösen rosa Flamingos haben dort ihre Nester.

Die Steilküste von Bonifacio 64

Im Süden Korsikas, der Insel der Schönheit, ragt die Stadt Bonifacio hoch über dem Mittelmeer auf und scheint die Meerenge zu bewachen, die zwischen ihr und Sardinien liegt.

Die Steilküste von Bonifacio zählt zu den besonderen Sehenswürdigkeiten Frankreichs. Im Süden der Granitinsel Korsika erhebt sich eine Gruppe vom Meer und seiner Brandung bizarr geformter Kalksteinfelsen. Die Zitadelle und die alte Stadt Bonifacio ducken sich auf einem 65 Meter hohen, schmalen Felsvorsprung über dem Meer. Da aber das Meer unaufhörlich am Fuß der Steilküste nagt, befindet sich ein Teil der Gebäude schon auf einem Überhang. Es scheint, als sei es der Stadt bestimmt, jeden Augenblick zusammen mit dem sie tragenden Fels im blauen Meer zu versinken... Das „Sandkorn" ist schon im Wasser untergegangen — und das war immerhin ein Felsblock von mehr als 100 Tonnen Gewicht!

Die Landzunge von Raz 65

Leute, die nicht schwindelfrei sind, wagen sich nicht auf die abschüssigen Pfade, die sich zwischen wild aufgetürmten Felsbrocken über die Landzunge von Raz schlängeln.

Die Landzunge von Raz ist ein vor der bretonischen Küste liegendes, 72 m hohes Vorgebirge aus Granit, das in einem langen, wild zerklüfteten Felsausläufer endet, um dessen zackige Flanken das Meereswasser ständig brodelt und schäumt. Der von einem Führer begleitete Tourist muß länger als eine halbe Stunde marschieren und klettern, um den äußersten Punkt des Landes zu erreichen und die Springflut von Sein zu bewundern, die sich wild brandend auf den zwölf Kilometern zwischen Insel und Land bewegt. In der Höhle, die die „Hölle von Plogoff" heißt, schlägt das Meer ständig so lärmend gegen die Felsen, daß es klingt wie Kanonendonner. Man schaudert beim Anblick der finstern Bucht des Trépassés, wo früher die Flut die Leichen der Schiffbrüchigen an Land warf.

Der Obelisk von Etretat 66

Der Ärmelkanal höhlt nach und nach die Felsküsten der Normandie aus. Nördlich der Seinemündung, bei Étretat, haben sich so Rundbögen, Pforten und Obelisken gebildet.

Wie bei Bonifacio arbeitet auch im Gebiet von Caux das Meer nach Belieben an den Kalksteinfelsen. Die Rundbögen und Obelisken von Étretat haben riesenhafte Ausmaße. Nachdem man auf schwindelerregend steilen Pfaden und Treppen an der Flanke der Felsküste hinuntergestiegen ist, kann man die Pforte von Amont bewundern. Die Pforte von Aval bildet eine gotische Arkade, die das Wasser aus einem 85 m hohen Fels brach! Im Meer erhebt sich der natürlich entstandene Obelisk von Étretat 70 m hoch. Etwas weiter entfernt steht die noch monumentaler wirkende Magna Porta mit 90 m Höhe über dem Wasser. Diese Naturwunder gehören zu den Schätzen der Normandie.

Der Mont Saint-Michel 67

In der zwischen der Cotentin-Halbinsel und der Bretagne liegenden Bucht ragt umgeben von den Wassern des Ärmelkanals der Mont Saint-Michel mit Festung und Abtei empor.

Der Felsenberg Saint-Michel erhebt sich seltsam mitten in einer sandigen und flachen Bucht. Die Insel, seit kurzem mit dem Festland durch einen Deich verbunden, ist zu einer bekannten Touristenattraktion geworden. Ehe sie 708 im Jahre dem heiligen Michael geweiht wurde, hieß sie Berg des Grabes. Richard I., Herzog der Normandie, gründete 966 dort eine Abtei, die zahlreiche Pilger anzog. Die imposanten Befestigungen rings um die Insel machten es möglich, daß sie während des ganzen Hundertjährigen Krieges den Engländern widerstand. Zahlreiche Touristen besichtigen heutzutage die Abtei, flanieren durch die engen, abschüssigen Straßen und essen die traditionelle „Omelette Soufflée".

Das Forum Romanum 68

Das antike Forum Romanum, auch Markt genannt, zwischen dem Capitol, dem Kolosseum und dem Palatin gelegen, ist eine der großen Sehenswürdigkeiten Roms.

Die Stadt Rom war das lebendige Zentrum des gewaltigen Römischen Reiches, und das Forum lag im Herzen der Stadt. Zunächst nichts als ein Markt, auf dem aus den umliegenden Dörfern die Bürger zusammenkamen, wurde es bald reich an Heiligtümern, Gräbern, Tempeln und Basiliken, die öffentlichen Zusammenkünften dienten. Mit dem Handel entwickelte sich auch das öffentliche Leben, und die Sitzungen des Senats wurden auf dem Forum — in der Kurie — abgehalten. Dieser Platz hat eine große Zahl verschiedenster Monumentalbauten vorzuweisen. Der auf dem Forum angebrachte Goldene Meilenstein markierte den theoretischen Anfangspunkt aller Straßen des Weltreiches, wie etwa der Via Appia oder der Via Sacra.

Der Grand Canon du Verdon 69

Ein Nebenfluß der Durance, der Verdon, durchquert die südlichen französischen Alpen. Er hat sich tiefe Schluchten in das Gestein gegraben.

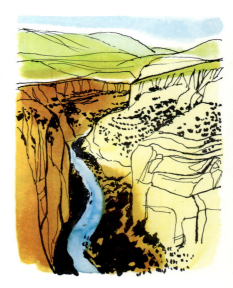

Man nennt den Verdon oft den europäischen Colorado, weil er mit dem amerikanischen Fluß viel Ähnlichkeit hat. Seine Schluchten machen denen des Tarn Konkurrenz. Auf einer Strecke von 22 Kilometern hat er sich in den grauen Kalkstein der provenzalischen Alpen gefressen und schleicht zwischen zwei Felswänden zwischen 700 und 800 Meter tief dahin. Die Schluchten verengen sich stellenweise so sehr, daß der Fluß kaum mehr die Breite einer Dorfstraße hat. Das blaue Wasser des Verdon bahnt sich strudelnd und wirbelnd zwischen grauen und ockerfarbenen Felsmassen seinen Weg. Eine Straße, die „Corniche sublime", gestattet den Autofahrern eine erregende Rundfahrt, aber interessanter ist der alte Fußpfad am Grund des Cañons, den der Touring Club de France 1928 anlegte.

Die Gewässer um Neufundland 70

1949 wurde Neufundland, eine bedeutende Insel östlich von Labrador, kanadische Provinz. In den flachen Gewässern rings um die Insel fängt man von April bis September den Kabeljau.

Seit der Entdeckung der Insel im Golf des St.-Lorenz-Stromes kommen während der Saison viele Fischkutter, um bei Neufundland den Kabeljau zu fangen und einzusalzen. Weil das Meer hier so reiche Beute bietet, haben sich Franzosen und Engländer lange um den Besitz der Insel gestritten. Das nur 20 bis 100 m tiefe Wasser enthält viele Fischarten wie z. B. Seezungen, Steinbutt und Heilbutt. Der in kalten Gewässern lebende Kabeljau wird hier von ganzen Fischereiflotten gejagt. Da Neufundland fast die Größe Frankreichs hat, kann man sich vorstellen, wie viele Fische – aber auch wie viele Fischer – es an seinen Küsten gibt!

Die Butte Montmartre 71

Die Butte Montmartre überragt Paris und seine Umgebung. Auf dem höchsten Punkt der Weltstadt erhebt sich die weiße Silhouette der Basilika von Sacré-Coeur. Montmartre, ein altes, malerisches „Dorf", lockt viele Touristen an.

Mit seinen winkeligen Straßen, seinen Gäßchen, seinen Treppen, den niedrigen Häusern, den Gärten und Bäumen bewahrt Montmartre eine altmodische, ländliche Atmosphäre, die im Herzen einer großen modernen Stadt überrascht. Das heute geschützte, pittoreske Viertel ist Wohnsitz für viele Kunstmaler, die im Schatten der Bäume auf dem Place du Tertre gerne ihre Bilder malen. Die „Commune Libre de Montmartre" organisiert dort zahlreiche Wohltätigkeitsveranstaltungen mit den Trommlern „Petits Montmartrois". Jedes Jahr feiert man symbolisch die Weinernte, zur Erinnerung an die Zeit, als der Hügel noch ein Weinberg mit vielen Windmühlen war.

Die Arktis 72

Im Mittelpunkt der Arktis, der nördlichen Kappe der Erdkugel, liegt der Nordpol. Das Polarmeer mit einer weiten Schicht aus Packeis ist umgeben von Europa, Asien und Amerika.

Der Nordpol liegt im Zentrum des arktischen Eismeers, und zahlreiche Forscher haben versucht, ihn auf dem Wege über das schneebedeckte Packeis zu erreichen. Da dieses Eis aber auf dem Wasser schwimmt, gelang es 1958 dem ersten, mit Atomkraft betriebenen U-Boot, der „Nautilus", unter dem Eis hindurch zum Nordpol vorzudringen. Rings um das Eismeer liegen Inseln und Festlandgebiete wie das zu Dänemark gehörende Grönland, die nordamerikanischen Archipele Kanadas, der USA-Staat Alaska, Norwegen und die UdSSR. Trotz des außerordentlichen harten Klimas leben in den arktischen Gebieten mehr als eine Million Menschen, vor allem Lappen und Eskimos.

Der grausame Manzanillabaum 73

Der Manzanillabaum, der in Mittelamerika auf den Antillen häufig vorkommt, wächst besonders gern am Meer. Jeden, der ihn berührt, tötet er durch sein Gift.

Viele Abenteuerromane berichten von einer Todesstrafe, die sich so vollzog, daß man den Schuldigen an den Stamm des Manzanillabaums fesselte, der ihm den Tod brachte. Seiner Form nach wirkt der Baum wie ein harmloser Nußbaum, und seine Früchte sehen appetitlich aus wie kleine rote Äpfel, sind aber giftig. Gefährlich ist der Baum wegen seines Milchsaftes, der aus allen Rissen seiner Rinde rinnt und so ätzend ist, daß er fast sofort tiefe Brandwunden hervorruft, die sehr schmerzhaft sind und nur langsam heilen. Die Bewohner der Antillen haben dem Baum den Krieg erklärt: Er soll ausgerottet werden, damit sich weder Urlauber noch Kinder ahnungslos an ihm verletzen.

Die riesige Rafflesie 74

Im sumpfigen Unterholz der Malaiischen Halbinsel, die den Golf von Bengalen und das Chinesische Meer trennt, blühen die größten Blumen der Welt, die gewaltigen Rafflesien.

Wir sind es gewöhnt, daß Blumen klein, hübsch und voller Duft sind. Die Riesenblumen der malaiischen Inselwelt dagegen strömen einen unangenehmen Geruch aus. Sie sind rot, gelb oder violett, aber ohne besonderen Reiz. Eine Rafflesie kann zwischen acht und zwölf Kilo wiegen und ähnelt in ihrer Beschaffenheit eher einem Pilz. So lebt sie auch — als Parasit auf Baumwurzeln. Sie ist eine Pflanze ohne Blätter. Eine andere Riesenblumenart dagegen blüht zuerst, ehe ihre riesigen, sehr dekorativen Blätter erscheinen. Diese Blume schlägt alle Größenrekorde, da sie mit ihrem hohen Mittelstück oft mehr als zwei Meter erreicht. Aus solchen Blumen lassen sich keine Sträuße binden!

Das glückbringende Edelweiß 75

Das Edelweiß, auch Silberstern genannt, blüht vor allem im Hochgebirge und ist bei den Bergsteigern sehr begehrt. Man findet es in Höhen zwischen 1 500 und 3 000 m.

Diese Blume ist das Symbol der hohen Berge und zugleich des Mutes, denn wer sie finden will, muß sich manchmal in schwer zugängliche Gebirgsgegenden wagen. Allerdings hat man, um einer Ausrottung vorzubeugen, das Edelweiß vielerorts unter Naturschutz gestellt. Die sehr regelmäßig geformte Blüte besteht aus einem runden Mittelstück, das von sechs bis acht ebenfalls runden Knöpfchen umgeben ist; die Blütenblätter gehen strahlenförmig davon aus. Ein wolliger weißer Flaum bedeckt die Pflanze und schützt sie vor den Unbilden der Witterung. Das sehr dekorative Edelweiß ist auf vielen Insignien und Auszeichnungsmedaillen für verdiente Bergsteiger abgebildet.

Die Seerose Victoria 76

Die schwimmenden Blätter der Victoria Regia, einer riesigen Seerose, sehen aus wie Tortenformen. Die Victoria Regia findet man auf sumpfigen Gewässern und in stillen Buchten der großen Flüsse im tropischen Amerika.

Alle Seerosen haben auf dem Wasser schwimmende Blätter, die sich aus der Luft den lebensnotwendigen Sauerstoff holen, den das sumpfige Wasser ihnen nicht in ausreichender Menge liefern kann. Die Victoria Regia allerdings hat dazu noch eine seltsame Eigenheit: Ihre Blätter sind kreisrund und mit einem Rand versehen, daß sie wie flache Behälter wirken; ein Netz von Blattrippen erhöht von unten her ihre Festigkeit und befördert den Sauerstoff zu den unter Wasser liegenden Teilen der Pflanze. Ein solches Blatt hat einen Durchmesser von ein bis zwei Meter. Dieses improvisierte Floß kann das Gewicht eines Kindes tragen — aber es ist ein gefährliches Transportmittel!

Die königlichen Orchideen 77

Orchideen sind Pflanzen mit erstaunlichen Blüten: Wegen ihrer eigenartigen Form und ihrer herrlichen Farben werden sie allgemein als die schönsten und kostbarsten Blumen angesehen. In tropischen Gegenden wachsen sie in freier Natur.

Die Orchideen gehören zu der artenreichsten Gattung in der gesamten Pflanzenwelt. Sie sind über die ganze Erde verbreitet, aber die schönsten und größten brauchen Wärme und Feuchtigkeit, um zu gedeihen. Gärtner züchten diese in Gewächshäusern und behandeln sie mit größter Sorgfalt. Die Blüten haben immer die verschiedensten bizarren Formen, die manchmal an Tierungeheuer erinnern. Sie können die zartesten Tönungen oder auch die lebhaftesten Farben aufweisen; zwischen beiden Extremen liegt eine erstaunliche Buntscheckigkeit. Im brasilianischen Dschungel suchen unerschrockene Männer, die sogenannten „Orchideenjäger", ständig nach neuen Arten für die Sammler.

Die alten Sequoias 78

In den Vereinigten Staaten, im sonnigen Kalifornien, gibt es im Yosemite-Park gewaltige hohe Bäume, die Sequoias. Ihr Name stammt von einem berühmten Häuptling der Tscherokesen-Indianer: dem Riesen See-Quayah!

Für jeden, der Kalifornien besucht, ist der Anblick eines Sequoia-Baumes ein besonderes Erlebnis. Diese riesigen Tannen sind fast alle höher als 100 m. Der Durchmesser ihres Stammes am Boden beträgt zwischen zehn und fünfzehn Meter; mindestens fünfundzwanzig Personen müssen sich bei den Händen fassen, um ihn zu umspannen! Die machtvollsten und höchsten Bäume haben sogar Namen: So ist der „General Sherman" 130 m hoch und muß ungefähr 4000 Jahre alt sein. Die „jungen" Bäume in seiner Umgebung stammen aus der Zeit um die Geburt Christi. Paradoxerweise entstehen die Sequoias aus einem winzigen Samenkorn, das nur wenige Milligramm wiegt. Welch ein Gegensatz!

Der Lieblingsbaum der Ziegen 79

In Südmarokko, zwischen dem Meer und dem Atlas-Gebirge, wächst ein in der übrigen Welt völlig unbekannter kleiner Baum, dessen stacheliges Grün ein Leckerbissen für Ziegen ist.

Es gibt zahlreiche Pflanzen mit Stacheln, die als Waffen zum Überleben dienen, da sie die Tiere abwehren, die die Pflanze fressen oder zerstampfen wollen. Dornenbüsche, Stechginster, Disteln oder Akazien verteidigen sich auf diese Weise. Aber manchmal geschieht es auch zum Schutz gegen die Dürre, daß die zarten Blätter zu harten Nadeln werden. Der kleine marokkanische Baum wehrt sich zugleich gegen Tiere und gegen das Wüstenklima. Nur die Ziege schert sich nicht um seine Stacheln: Mit ihrem starken Gebiß kann sie die außerordentlich harten Zweige zerkauen. Manchmal sieht man eine ganze Anzahl von Ziegen auf den äußersten Enden der starren, unbiegsamen Äste herumklettern und mit Genuß das Holz dieses stacheligen Baumes fressen.

Eine Pflanze kann auch explodieren! 80

In den tropischen Zonen Amerikas gibt es einen Baum, dessen Samenkapseln explodieren, wenn sie reif sind. Sein wissenschaftlicher Name ist Hura crepitans.

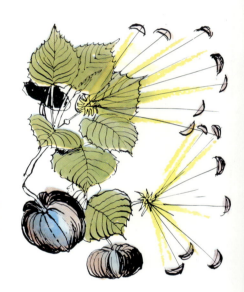

Alle Pflanzen, die Samenkörner hervorbringen, bemühen sich, diese so weit wie möglich zu verstreuen, um den künftigen Pflanzen gute Möglichkeiten zum Keimen zu verschaffen. Das Samenkorn der Fichte fliegt mit dem Wind, das der Kokospalme schwimmt mit der Meeresströmung, andere Samen hängen sich an Lebewesen oder Gegenstände, die an ihnen vorbeistreichen... Der Hura crepitans hat eine viel wirkungsvollere Methode, seine Samenkörner auszustreuen: In der Sonnenwärme platzt die reife, trockene Samenhülle mit heftigem Knall auf und schleudert die runden, schweren Körner weit fort. Die Wucht dieser Projektile ist so groß, daß sie eine Fensterscheibe zerschlagen oder ein kleines Tier tödlich treffen können.

Der unentbehrliche Bambus 81

Der Bambus ist eine Art Riesengras, das überall in Asien und Amerika wächst. Die größte Bambusart erreicht eine Höhe von 45 m und gedeiht auf den Sundainseln.

Die Japaner haben dieser Pflanze den Beinamen „die Unentbehrliche" gegeben, weil sie so vielseitig verwendbar ist. Sie ähnelt dem Schilf oder dem Zuckerrohr. Die jungen Triebe ergeben ein im Fernen Osten sehr geschätztes Gemüse, die knotigen Wurzeln (oder Wurzelstöcke) werden zu Griffen von Messern, Werkzeugen oder Regenschirmen verarbeitet. Die Stämme verwendet man als Baumaterial zu Trennwänden, Möbeln, Rohrleitungen und Dachrinnen... Aus Bambus haben die Bewohner des Orients auch den ersten Brei zur Papierherstellung gemischt. Die Pflanze erreicht innerhalb von 2 Monaten eine Höhe von 20 bis 22 Metern, wächst also pro Tag etwa 35 cm! Sie wird überall heimisch, wo Korn gedeiht, kann aber zu große Kälte und Trockenheit nicht vertragen.

Der aromatische Kaffee 82

Der Kaffeebaum stammt eigentlich aus Abessinien, wurde dann aber in Arabien, auf den Antillen, in Indonesien und in Gebieten von Mittel- und Südamerika heimisch. In Brasilien gibt es jetzt die größten Plantagen der Welt.

Die Kaffeeliebhaber in aller Welt verbrauchen pro Jahr 3 500 000 Tonnen dieser kostbaren Bohnen — das sind Milliarden von Tassen! Die Frucht des Kaffeebaums ist eine Steinfrucht, die reif einer roten Kirsche mit süßem Fruchtfleisch ähnelt. Die Früchte werden gepflückt, wenn sie ganz ausgereift sind. Die Kaffeebohnen sind nichts anderes als die Kerne dieser Früchte, die immer zu zweit beieinanderliegen. Im frischen Zustand sind sie gelb oder grün. Man muß sie rösten, damit sie braun werden. Sie bekommen dann einen sehr intensiven Duft und werden, überbrüht oder gefiltert, zu dem anregenden, aromatischen Getränk, das ein jeder kennt.

Der Kautschukbaum 83

Der natürliche Kautschuk stammt vom Hevea-Baum, der ursprünglich im Amazonasbecken in Südamerika zu Hause ist und danach in Asien und Afrika angepflanzt wurde.

Der glatte, röhrenförmige Stamm des Hevea-Baumes streckt in 20 oder 30 m Höhe einen Staubwedel aus grünen Blättern hoch. Dieser Baum kann nur existieren, wenn die Temperatur nicht unter 20 Grad absinkt und keine längere Dürre herrscht. Er liebt Gebiete, die nach der Regenzeit überschwemmt sind, und wächst auch gern im Unterholz von Urwäldern. Wenn er 5 bis 6 Jahre alt ist, schneidet man die Rinde ein. Eine milchige Flüssigkeit, der Latex, tropft heraus und wird aufgefangen. Unter der Einwirkung des Rauches von frischem Holz oder bestimmter Chemikalien gerinnt der Saft und wird zu dickflüssigem Roh-Kautschuk. Der synthetische Kautschuk, der ihm Konkurrenz macht, hat nicht die gleichen Eigenschaften und wird den Latex nie ganz ersetzen.

Der wohlriechende Eukalyptus 84

Diese einzigartigen Bäume wachsen in warmen Ländern und Gegenden mit Mittelmeerklima, stammen aber eigentlich aus Australien, wo sie riesige Ausmaße erreichen.

Eukalyptusbäume, besonders die in Australien, sind die größten Bäume, die es gibt. Bestimmte seltene Arten werden bis 150 m hoch, also etwa halb so hoch wie der Eiffelturm. Früchte und Blätter dieses Baumes strömen einen sanften Geruch aus und besitzen wertvolle medizinische Eigenschaften, die zur Behandlung von Krankheiten der Atemwege nützlich sind: als Pastillen, Sirup oder Eukalyptus-Zigaretten. Die dicken, flachen Blätter am Baum wenden ihre Fläche immer in Nord-Süd-Richtung und entgehen der starken Mittagshitze. Die konisch geformte Frucht trägt einen Deckel, der die Samenkörner schützt. „Eukalyptus" kommt aus dem Griechischen und heißt „etwas, das schützt". Ein Eukalyptusbaum reinigt die Luft seiner Umgebung.

Die Kannenpflanze 85

In den Sümpfen des Mississippi in Nordamerika wächst diese Pflanze mit den seltsamen Blättern, die sie zum Fliegenfang benutzt. Es heißt, sie ernähre sich von Insekten.

Der kanadische Botaniker Sarrazin, der die fleischfressenden Pflanzen studierte, hat einer ganzen Gattung seinen Namen gegeben: der Ordnung Sarrazenienartige. Eine davon, die Kannenpflanze, besitzt lange Blätter, die sie zu Tüten von 20 bis 30 cm Länge aufrollen kann. Diese natürlichen Urnen enthalten Regenwasser und sind manchmal mit einem Deckelchen verschlossen. Der obere Rand des Behälters ist mit einer süßen, klebrigen Flüssigkeit benetzt. Genäschige Fliegen werden dadurch angelockt, rutschen dann ab und ertrinken im Inneren. Man weiß nicht, ob diese Pflanzen ihre Beute wirklich verdauen, aber es steht fest, daß diese so eleganten Fliegenfallen äußerst wirksam sind!

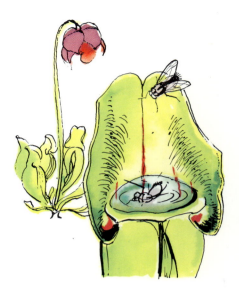

Die fleischfressende Venusfliegenfalle 86

Es gibt sonderbare Pflanzen, die sich von Insekten ernähren, indem sie sie mit ihren Blättern einfangen. So auch die Venusfliegenfalle, eine kleine Sumpfpflanze, die vor allem in den Torfstichen Nordkarolinas, USA, vorkommt.

Diese Pflanze fängt Insekten, indem sie die Fühler ihrer Blätter zusammenklappt. Dann wird die Beute verdaut. Man nennt die Venusfliegenfalle darum eine fleischfressende Pflanze. Die aneinandergefügten Blätter sind mit einem scharnierartigen Gebilde versehen, so daß beide Blätter sich gegeneinanderdrücken können, wenn ein Insekt an einen der drei Stacheln stößt, die sich im inneren Teil befinden. Die Blätter schließen sich wie ein Buch, halten das Insekt gefangen und sondern einen scharfen Saft aus, der das Tier verdaut. Nach einigen Tagen, wenn die Pflanze das Fleisch absorbiert hat, öffnen sich die Blätter wieder und warten auf die Berührung eines neuen Beutetieres.

Die Makrocystis in den Meeren 87

Die Pflanzenwelt des Meeres umfaßt mehr als zwanzigtausend Arten von Algen. Die Makrocystis, eine Riesenalge, ist das größte Lebewesen auf unserem Planeten.

Die Meeresalgen sind Pflanzen, die der Mensch auf vielfältige Weise zu nutzen versteht: als Suppe in China, als Gemüse in Japan, als Mastfutter für das Vieh in aller Welt. Der Chemiker gewinnt daraus Jod, Pottasche, Soda und Brom. Agar-agar ist eine Gelatine, die in der Pharmazie und in der Feinkost (Instant-Cremes) viel verwendet wird. Wenn die Nahrung auf der Erde knapp würde, könnten die Algen dem Menschen eine vielseitige und reichliche Kost bieten. Die Makrocystis ist die ungewöhnlichste unter den Algen. Sie gedeiht in den Ozeanen und erreicht durchschnittlich 50 bis 60 m, kann aber über 200 m hoch werden. Natürliche Schwimmer halten sie an der Oberfläche des Wassers, wo sie die Energie des Sonnenlichts und Sauerstoff aufnimmt.

Die Kandelaber-Kakteen 88

Diese seltsamen, mit scharfen Stacheln bewehrten Pflanzen, die wie grüne Leuchter aussehen, sind typische Wüstengewächse und besonders zahlreich in den trockenen Gebieten Mexikos.

Die Pflanzenwelt der trockenen Wüsten umfaßt viele Kakteenarten. Mögen sie auch noch so verschieden aussehen, so haben sie doch eines gemeinsam: Ihr Stamm trägt fleischige grüne Zweige ohne Blätter. Herrliche rote oder weiße Blüten öffnen sich oben an den Zweigspitzen. Die Nadeln sind eine Hilfe zum Überleben: Sie halten die in der Wüste lebenden Tiere fern, die auf dieses nährende und durststillende Fleisch begierig sind. Die Kandelaber-Kakteen werden 15 bis 20 Meter hoch, und der Saguaro-Kaktus von Arizona, der an seinem Fuß wie eine Keule verdickt ist, lebt länger als zwei Jahrhunderte. Wie neidisch müssen da unsere bescheidenen, wohlgenährten Pflanzen im Blumentopf werden.

Der liebliche Mandelbaum 89

Der Mandelbaum stammt eigentlich aus dem Kaukasus in Asien. Die Römer pflanzten ihn rings um das Mittelmeer an. In diesen milden, sonnigen Gebieten blüht er im Frühling als erster.

Es gibt zwei Arten von Mandelbäumen: Der eine trägt süße, der andere bittere Mandeln. Die bitteren haben einen sehr unangenehmen Geschmack, und das ist gut, denn sie enthalten einen Stoff, der sich unter Speicheleinwirkung in Gift (Zyansäure) verwandelt. Im Gegensatz dazu lassen sich die süßen Mandeln zu nützlichen, leckeren Sachen verarbeiten: Pralinen, Krokant, Konditoreiwaren, Mandelcreme, Mandelmilch, Desserts, milde Öle und Seifen. Ohne Mandelbaum gäbe es kein Nougat aus Montélimar, keine Mandeltörtchen aus Aix! Der Mandelbaum gedeiht auch gut im milden Klima von Kalifornien in den USA. Die zarten Blätter des Mandelbaums sind mit einem leichten weißen Flaum bedeckt.

Der Teestrauch 90

Pro Jahr werden etwa siebenhundertfünfzig Millionen Tonnen verbraucht. Tee, dessen besondere Liebhaber die Engländer sind, wird vor allem in Indien, Ceylon, Indonesien und in den fernöstlichen Ländern China und Japan angebaut.

Würde man den Teestrauch sich selbst überlassen, würde er rasch zehn, zwanzig oder gar dreißig Meter hoch werden. Da dann das Pflücken der Blätter aber zu unbequem wäre, stutzt man den Strauch in den Plantagen, daß er nicht höher als ein bis zwei Meter wird. Nur die jungen grünen Blätter werden gepflückt. Besonders ausgewählt wird das erste Blatt jeder Endknospe, weil dieses die beste Teequalität, den sogenannten „Pekoe" ergibt. In tropischen Gegenden wird das ganze Jahr über alle zehn Tage Tee geerntet. Die Amerikaner bevorzugen den grünen (einfach getrocknete Blätter), die Europäer dagegen den schwarzen Tee (Blätter, die eine Gärung hinter sich haben).

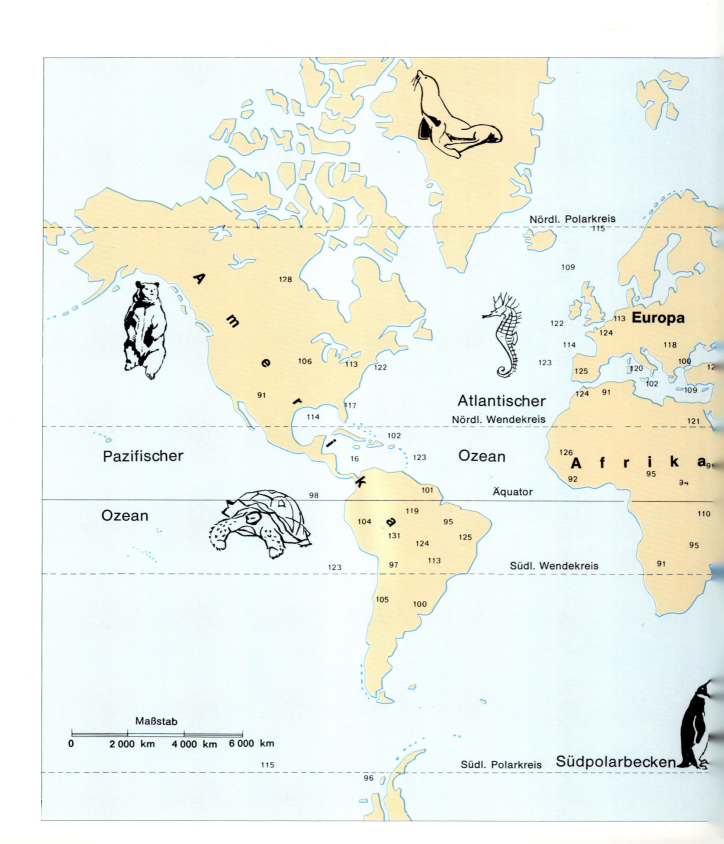

Seltsame Tiere

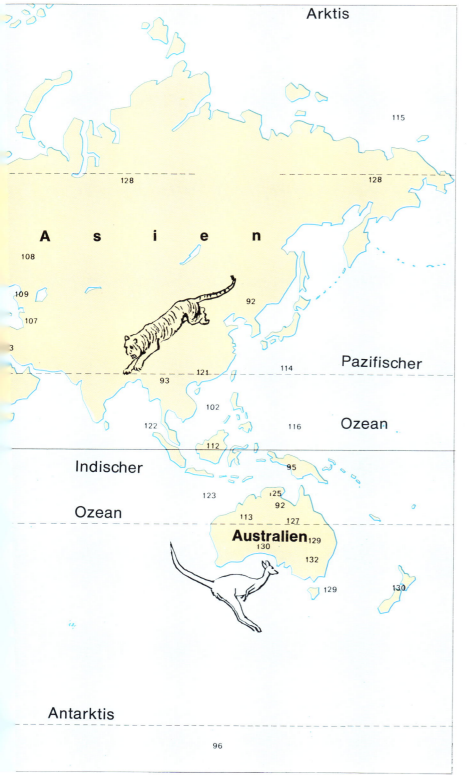

Vögel, Landtiere und Fische leben verteilt über unseren Planeten überall dort, wo das Klima, die Pflanzen- und Tierwelt ihren besonderen Bedürfnissen entsprechen. Einige von ihnen sind uns wenig vertraut, und ihre Lebensgewohnheiten kommen uns seltsam vor: Nichts ist für einen Europäer verwunderlicher als ein Känguruh, für einen Afrikaner ein Eisbär und für einen Lappen ein Krokodil! Die Erde ist ein riesengroßer Zoo, in dem die aufmerksame Beobachtung des Tierlebens einem anderen Tier — nämlich dem Menschen — ständig neue Überraschungen beschert!

Der gefährliche Skorpion 91

Als Wüstentiere leben die Skorpione in warmen Gebieten. Die Skorpione des Mittelmeerraumes sind meist klein und wenig gefährlich.

Ein Skorpionstich, der immer schmerzhaft ist, kann auch tödlich sein. Das Gift wirkt lähmend auf das zentrale Nervensystem des Opfers, ähnlich wie Curare, das Gift der Amazonas-Indianer. Ein vom Skorpion gestochener Mensch kann durch Herzstillstand oder Ersticken wegen Aussetzens der Lungenfunktion sterben. Skorpione sind zwischen 2 und 20 Zentimeter lang. Riesige Arten gibt es in Äquatorial-Afrika. Der Skorpion lebt einzeln und versteckt sich tagsüber vor der Sonne unter Steinen oder im Sand. Nachts jagt er kleine Insekten. Das Skorpionweibchen verschlingt seine Jungen, wenn diese sich nicht rechtzeitig davonmachen, sobald sie ausgewachsen sind.

Die Fledermaus 92

Fledermäuse sind nützliche Säugetiere, vor allem als Insektenvertilger. Sie fliegen wie Vögel und leben überall in der Welt, die größten allerdings in Asien, Afrika und Australien.

Es gibt zweitausend verschiedene Arten von Fledermäusen, angefangen von dem gewohnten Exemplar unserer Breiten, das 30 cm Spannweite hat, bis zum größten, auch Flughund genannt, der eine Spannweite von 1,60 m erreicht. Diese Tiere lieben die feuchte Wärme, weil diese das Austrocknen ihrer gliederartigen Flügel verhindert. Sie fliehen die Sonne eher wegen ihrer trockenen Wärme als wegen des Lichtes und verbergen sich tagsüber an dunklen Stellen, wo sie auf die Kühle der Nacht warten, um auszufliegen und Insekten zu jagen. Dank ihrer empfindsamen Ohren, die das Echo der vom Tier selbst ausgestrahlten Ultratöne wahrnehmen, stoßen sie im Dunkel an kein noch so kleines Hindernis. Jede Fledermaus besitzt ihr eigenes Sonar-Gerät.

Der freundliche Gepard 93

Der Gepard, ein kleineres Raubtier, das Ähnlichkeit mit der Katze wie dem Hund hat, lebt in Asien und Afrika. Er ist ein gnadenloser Jäger, läßt sich aber zähmen.

Man darf Gepard, Jaguar und Leopard nicht in einen Topf werfen. Die beiden letzteren sind große Panther, während der ausgewachsene Gepard kaum höher als vierzig oder fünfzig Zentimeter ist. Sein Katzenkopf mit der rundlichen Ohren sitzt auf einem Hundekörper mit langen Beinen. Der Gepard kann im Lauf eine Geschwindigkeit von mehr als 100 km/h erreichen, so daß es ihm ein leichtes ist, seine Beute zu fangen. Andererseits ist der Gepard auch ein Beweis für Anpassungsfähigkeit. Er ist nicht nur leicht zu zähmen, er jagt auch Gazellen für seinen Herrn. Auf vielen Wandteppichen des Mittelalters ist der Gepard als Symbol der Gewandtheit und der Kraft abgebildet.

Der abstoßende Gorilla 94

Er ist der größte unter allen Affen, vielleicht auch der stärkste, der intelligenteste aber sicher nicht ... Er lebt in den feuchtwarmen Wäldern Zentralafrikas und ist für den Menschen eher ein Schrecken als eine Gefahr.

Es gibt keine größeren Affen als die Gorillas. Einige unter ihnen messen mehr als zwei Meter und können ein Gewicht zwischen zweihundert und dreihundert Kilo erreichen. Ihr schwarzer Pelz besteht aus langen glatten Haaren. Die Hinterpfoten erscheinen kurz im Vergleich zu den riesigen, muskulösen Armen, mit denen der Gorilla angreifende Tiere totquetschen kann. Der Gorilla flieht vor den Menschen, plündert aber als pflanzenfressender Feinschmecker durchaus dessen Obstplantagen! Die weniger wuchtige Frau Gorilla baut auf Baumästen das Nest für ihre Nachkommen. Herr Gorilla ist zu schwer, um dort einzudringen und die Kleinen im Schlaf zu stören.

Der geschwätzige Papagei 95

Diese lebhaft bunten Vögel leben in den Wäldern der tropischen Gebiete Afrikas, Amerikas und Ozeaniens. Da sie sich jedoch leicht zähmen lassen, kann man sie überall züchten und in Käfigen oder auf Sitzstangen halten.

Dieser amüsante Klettervogel ist ein Gefährte des Menschen und kann in Gefangenschaft fünfzig Jahre alt werden. Mit seiner dicken Zunge und dem großen Schnabel kann er Worte artikulieren, die man ihm beibringt, deren Sinn er allerdings nicht versteht. Seine Größe und sein Federkleid sind je nach Herkunftsland verschieden. Der Kakadu Ozeaniens sträubt einen Kamm aus Federn auf seinem Kopf, wenn er wütend wird. Der australische Papagei läßt sich am leichtesten zähmen. Der graue afrikanische kann am besten die menschliche Stimme nachahmen. Der südamerikanische Ara, der größte und auch intelligenteste unter den Papageien, kann einen Meter lang werden.

Der Kaiserpinguin 96

Pinguine sind Vögel der australischen Meeresgebiete, deren größter Vertreter, der Kaiserpinguin, oft 1,20 m erreicht. Er lebt in den Polarzonen der Antarktis.

Man muß bei den Pinguinen die Arten unterscheiden, die fliegen können oder nicht. Der Kaiserpinguin zum Beispiel hat sehr kurze Flügel, die zu Schwimmflossen umgewandelt sind, und ist mit Federn bedeckt, die wie Schuppen aussehen. Der Kaiserpinguin fliegt nicht, kann aber hervorragend schwimmen und macht Jagd auf Fische und Krebstiere. Wenn er über das Eis läuft, hält er sich aufrecht und wackelt dabei komisch hin und her, aber er kann sich auch flach auf dem Bauch fortbewegen, wobei er seine Flügel als Stütze benutzt. In aufrechter Haltung brüten die Pinguine ihr Ei auf dem eisigen Boden aus. Der junge Pinguin, der mit einem schützenden Flaum zur Welt kommt, wird von der ganzen Kolonie ernährt, erzogen und verhätschelt.

Der Kondor, ein Aasfresser 97

Der Kondor, ein großer Raubvogel, lebt in den Gebirgen Amerikas. In den Rocky Mountains ist er selten geworden, doch in den Anden Südamerikas kann man ihn noch häufig antreffen.

Wie fast alle anderen Geierarten hat auch der Kondor im allgemeinen einen federlosen Hals und Kopf. Im Flug erreicht er höchste Perfektion: Er ist ein meisterhafter Segler, kann mit großer Geschwindigkeit fliegen und bringt die aufregendsten Sturzflüge zustande. In nur wenigen Sekunden kann er sich mehrere hundert Meter hinabstürzen und ein Beutetier packen, ehe dieses noch weiß, wie ihm geschieht. Da seine Fänge nicht robust genug sind, größere lebende Tiere zu fangen oder zu töten, zieht es der Kondor oft vor, sich von dem verwesenden Fleisch toter Tiere zu ernähren. Auf diese Weise trägt er zur Reinhaltung seiner Umgebung bei und ist also ein nützlicher Vogel.

Die Schildkröten der Galapagos-Inseln 98

Westlich von Amerika, mitten im Pazifik und unterhalb des Äquators leben auf den Galapagos-Inseln riesige Landschildkröten, die weder gejagt noch vernichtet werden dürfen.

Dieses wegen seiner schwerfälligen Fortbewegung an Land leicht verwundbare Tier findet Schutz im Inneren seines Schuppenpanzers wie ein mittelalterlicher Ritter in seiner Rüstung. Es gibt Landschildkröten, Meeresschildkröten und solche, die im Süßwasser leben. Sie ernähren sich von Gräsern, Fischen und anderem Tierfleisch. Ihre Nahrung zerkleinern sie ohne Zähne mit einem gezackten Hornschnabel. Manche winzigen Arten passen unter ein Salatblatt, während die Riesen von den Galapagos-Inseln durchaus bis zweihundertfünfzig Kilo wiegen und eine Länge von 1,50 m erreichen. Zweifellos verdanken sie es ihrem friedlichen Wesen, daß sie sehr alt werden: Manche der heute noch lebenden hätten schon die Französische Revolution von 1789 mitmachen können!

Die stolze Giraffe 99

Zu den Pflanzenfressern Afrikas gehört auch die Giraffe, die mit ihrer Größe über alle Tiere hinausragt. Sie lebt in großen Herden vor allem in der Gegend des Tschadsees.

Vom Kopf bis zum Boden gemessen, hat die erwachsene Giraffe eine Höhe von 5 bis 6 m. Sie erreicht also leicht die Blätter der Bäume, besonders die der Akazien, die ihre Lieblingsspeise sind. Dafür kann sie, wenn sie das Gras am Boden zupfen will, nicht einfach den Hals hinunterbeugen: Sie muß zuerst die Vorderbeine spreizen oder einknicken. Dank ihres scharfen Auges kann eine Giraffe die Umgebung in weitem Umkreis beobachten, die Gefahr — etwa Raubtiere — von fern erkennen und sofort die Flucht ergreifen. Die Giraffe läuft sehr schnell, im Paßgang, also mit beiden Gliedern derselben Körperseite zugleich, und doch auch sehr graziös, obwohl ihr Gewicht manchmal fast eine Tonne beträgt.

Der fischende Pelikan 100

Als Wasservögel leben die Pelikane in Schwärmen in der Nähe von Seen, Sümpfen oder Meeren. Sie bevorzugen warme oder gemäßigte Zonen, vor allem in Osteuropa und Südamerika.

Unter den Schwimmvögeln scheint der Pelikan mit dem dehnbaren Sack an seinem Schnabel der drolligste Vertreter zu sein. In diesem Sack sammelt er seine Beute, ehe er zu seinen Jungen zurückfliegt. Die Jungen durchsuchen dann selbst diesen Beutel an der Kehle ihrer Eltern, was die Legende entstehen ließ, die Pelikane würden sich lieber lebendig von ihren Jungen auffressen lassen, als mit einem leeren Futtersack zu ihnen zurückkommen. Die Pelikane fischen immer in Gruppen, indem sie ihre Beute auf einer kleinen Fläche zusammentreiben. Erst dann tauchen sie und greifen alle zusammen an. Wenn diese großen Vögel auf Bäumen hocken, wirken sie seltsam riesenhaft im Vergleich zu den Ästen, die sie tragen.

Die Riesenschlange Anakonda 101

Die Indianer von Guayana nennen sie „i Kourou", andere „abouma" oder „anaconda". Diese größte Schlange der Welt lebt in den tropischen Wäldern Südamerikas.

Die Anakonda, eine riesige Boa, wohnt auf Bäumen, an Flußufern, oder sie versteckt sich in von Pflanzen überwucherten Gewässern. Sie ist zehn Meter lang, grau mit Schwarz oder braun marmoriert, kann gut schwimmen und fürchtet sich nicht, Krokodile anzugreifen. Als Nahrung bevorzugt sie allerdings zartere Tiere, die Pflanzenfresser sind, wie Affen oder große Vögel, die sie umschlingt und zusammenpreßt, bis sie ersticken. Danach verschlingt sie sie im ganzen, wobei sie nur darauf achtet, ihnen die Knochen zu brechen. Bewegungslos hängt sie dann tagelang in ihrem Baum und verdaut... Wie bei uns der Fuchs dringt auch sie nachts gern in die Hühnerhöfe der indianischen Dörfer ein.

Das graziöse Seepferdchen 102

Das Seepferdchen, ein kleiner Meeresfisch, erinnert trotz seiner geringen Größe (10 cm) durch seine Körperform an ein vorgeschichtliches Tierungeheuer. Es lebt in allen Meeren.

Die Griechen nannten es „Seepferdchen" wegen seiner Kopfform und der Biegung seines Halses. Sein langer Schwanz erlaubt es ihm, sich an Wasserpflanzen festzuklammern; seine einzigartige Rückenflosse dient ihm zur Fortbewegung. Aber immer hält sich das Seepferdchen in vertikaler Stellung, als lege es Wert darauf, „aufrecht" zu stehen. Die Eier, die das Weibchen legt, bewahrt das Männchen in einer Bauchtasche auf, bis die Jungen ausschlüpfen. Dann wirft es sie hinaus und überläßt sie sich selbst. Man kann das Seepferdchen in einem dafür geeigneten Aquarium halten. Dort bewegt es sich dann anmutig und langsam durch das Wasser. Seine eigenartige, elegante Körperform hat schon Maler, Dekorateure und Juweliere inspiriert.

Das genügsame Kamel 103

Das Kamel mit seinen zwei Höckern, den langen Beinen und dem verachtungsvollen Gesichtsausdruck stammt aus Zentralasien und dem Iran. Das afrikanische Dromedar ist einhöckerig.

Kamele und Dromedare sind genügsame und widerstandsfähige Tiere. Der Mensch benutzt sie als Reittiere oder als Lastenträger für den Warentransport. Das Mehari, ein Laufkamel, ist vergleichbar mit unseren Vollblutpferden. Es kann weite Strecken sehr rasch bewältigen. Das Kamel Zentralasiens hält mit seinem langhaarigen Fell stärkste Kälte aus. Wenn das kurzhaarige afrikanische Dromedar wochenlang durch die Wüste trottet, braucht es kein Wasser und nur wenig Futter. Allerdings sind diese Tiere in ihrem Verhalten nicht immer liebenswert: Wenn sie sich hinlegen oder wieder aufstehen, blöken sie auf höchst unangenehme Weise.

Das jähzornige Lama 104

Ein seltsames Haustier, das auch das Kamel Amerikas genannt wird, lebt in den Bergen Südamerikas, hauptsächlich in Peru und Bolivien.

Das Lama gehört in die Familie der Kamele, mit denen es eigentlich sehr wenig Ähnlichkeit hat. Im Körperbau eher einem Hirsch ähnelnd, ist es für den peruanischen Bauern ein Tier von vielfacher Verwendbarkeit. Als Arbeitstier trägt das Lama Lasten von 30 bis 40 Kilo, kann aber nicht weiter als 20 Kilometer laufen. Als Schlachttier liefert es Fleisch, das im Aussehen und Geschmack an Schweinefleisch erinnert. Als Weidetier gibt es eine begehrte Milch, allerdings nur in geringer Menge. Außerdem wird seine Wolle versponnen und verwebt. Aber wie das Kamel zeigt auch das Lama unangenehme Wesenszüge: Wenn man es neckt oder ärgert, rächt es sich, indem es den Gegner anspuckt!

Das wollige Alpaka 105

Das Alpaka, ein enger Verwandter des Lamas, lebt wie dieses in den Anden und besonders gern in den hochgelegenen, kalten Gebieten von Peru, Bolivien und Ekuador.

„Alpaka" und „Lama" sind Namen aus der Sprache der Ketschua-Indianer, die einst zum Inkareich gehörten. Sie bezeichnen Tiere, die für Lateinamerika typisch sind. Das Alpaka verdankt seinen guten Ruf der Feinheit und Länge seiner Wolle, aus der sich leichte, warme und haltbare Gewebe herstellen lassen, anders als jene, die man aus Schafwolle gewinnt. Vor der Erfindung der Kunstfasern war die Wolle des Alpakas bei den Herren für Sommeranzüge sehr begehrt. Die Damen tragen den Pelz einer anderen Lama-Art, des Vikunja, wegen seiner geringen Größe auch „amerikanisches Schaf" genannt. Sein seidiges Fell ergibt sehr begehrte gelbe oder weiße Pelze.

Die listige Beutelratte 106

Dieser kleine Fleischfresser lebt in Amerika und fühlt sich wohl auf großen Bäumen, wo er sich dank seines zum Greifen geeigneten Schwanzes und seiner vier „Hände" sicher bewegt.

Die Beutelratte ist etwa 50 cm lang, und ihre spitze Schnauze gibt ihr das Aussehen einer riesigen Maus. Ihr weicher Pelz ist bei den Menschen sehr begehrt, besonders, wenn es sich bei der Beutelratte um ein Opossum handelt. Mutter Beutelratte führt ihre Jungen auf seltsame Weise aus: Sie nimmt die Kleinen — im allgemeinen sind es sechs — alle miteinander auf den Rücken. Damit sie nicht herunterfallen, klammern sich die Jungen mit ihren sämtlichen „Händchen" im Pelz der Mutter fest, während sich ihre Schwänze um den der Alten ringeln, den diese wie ein „Geländer" über ihre Jungen vorstreckt.

Das sanfte Karakulschaf 107

Das Karakul ist ein Schaf besonderer Rasse, das aus dem Mittleren Orient und aus dem Gebiet um das Kaspische Meer stammt. Das gekräuselte Fell der Lämmer ergibt den Persianerpelz.

Die Schafe der Karakulrasse tragen normalerweise schwarze, graue oder braune Felle. Die bei der Geburt gelockten Lämmer verlieren schon wenige Tage später diese Kräuselung ihres Felles. Dann sieht ihr Fell genauso aus wie das anderer Schafe. Um die sehr begehrten Persianerfelle zu erhalten, muß man sie also gleich nach der Geburt des Lammes gewinnen. Die wertvollste Persianerart nennt sich Breitschwanz: ein kurzhaariger, sehr glänzender, schillernder Pelz. Die Karakulschafe sind in verschiedensten Gegenden heimisch geworden, unter anderem auch in Südafrika, das ein großer Persianer-Produzent wurde. Es tut nur immer weh, die ganz kleinen Schafe geopfert zu sehen, genau wie die unglücklichen jungen Robben, die von Pelzjägern erlegt werden.

Der Hamster mit seinen Backentaschen 108

Der Hamster, ein seltsames Nagetier, lebt in Osteuropa und Westasien. Er ähnelt dem Meerschweinchen, ist aber kleiner.

Dieses nette kleine Tier ist allerdings dem Menschen schädlich, weil es ihm beachtliche Mengen Korn stiehlt, vor allem Weizen, den es gleich auffrißt oder in der Höhle lagert, in der es den ganzen Winter verbringen wird. Der Hamster sammelt die Körner in seinen Backentaschen, die er an der Innenseite der Wangen hat und in denen er bis zu hundert Gramm aufbewahren kann. Dann ist sein Kopf ganz rund, und der Hamster sieht komisch aus! Erst wenn er seine Beute in seinem Versteck abgeladen hat, hat er wieder sein Hamstergesicht. Er läßt sich leicht zähmen und wird dann zu einem freundlichen Gefährten des Menschen und besonders der Kinder.

Die sanfte Ohrenrobbe 109

Die Ohrenrobbe, das Walroß und der Seehund sind in allen Meeren der Welt anzutreffen, sonderbarerweise auch im Kaspischen Meer und im Aralsee, besonders aber in arktischen Gewässern.

Die Ohrenrobben, die sich mit relativer Behendigkeit an Land fortbewegen, lassen sich leicht dressieren. Mit ihrem instinktiven Gefühl für Gleichgewicht lernen sie mühelos, mit Bällen zu jonglieren. Das Walroß, das bis zu einer Tonne wiegen kann, hat lange Eckzähne, mit denen es sich aus dem Wasser stemmt oder Krebstiere vom Meeresgrund abkratzt. Die Seehunde bewegen sich an Land sehr ungeschickt, besonders die schweren, die See-Elefanten, die 5 bis 6 Meter lang und 2 bis 3 Tonnen schwer werden. Wegen ihres Trans und ihrer Felle verfolgt, retten sich diese Tiere ins Wasser, wo sie trotz ihres Gewichtes wendig und schnell schwimmen.

Der schnelle Strauß 110

Die großen Vögel, 2,50 m hoch, leben in der östlichen Hälfte Afrikas und in Arabien in Herden, die von einem Männchen geführt werden und sich gern Zebras und Gazellen anschließen.

Der Strauß ist ein ängstlicher Vogel, der nicht fliegt, sondern mit erstaunlicher Geschwindigkeit läuft, wobei er mühelos ein Tempo um 100 km/h erreicht. Seine muskulösen Beine, die auf zwei Zehen ruhen, können Schritte von fünf Meter Weite machen! Das Männchen wiegt zwischen achtzig und hundert Kilo. Das Weibchen legt zwei Kilo schwere Eier in Erdlöcher, die es mit Sand zuscharrt. Vater und Mutter wechseln sich beim Brüten ab. Nach vierzig Tagen schlüpfen Junge aus, die sich ohne Zögern auf Nahrungssuche begeben. Es gibt noch andere, mit den Straußen verwandte große Vögel: Den Nandu in Südamerika, den Emu in Australien und den Kasuar auf Neuguinea.

Der uralte Coelacanthus 111

Man hielt diesen Fisch seit langem für ausgestorben, da er vor immerhin 300 Millionen Jahren lebte! 1938 fingen Fischer den ersten dieser Art in der Straße von Mozambique bei Madagaskar.

Der einzig bekannte Ahne aller an Land lebenden Wirbeltiere ist der Coelacanthus (oder Quastenflosser), und er scheint auch der des Menschen zu sein. Durch Zufall fingen Fischer ihn in ihrem Schleppnetz, als sie nahe bei Madagaskar in großen Tiefen fischten. Die Wissenschaftler konnten nun ein Tier studieren, über dessen Existenz sie bis dahin nur anhand der Fossilien aus Felsschichten der Sekundärzeit hatten Vermutungen anstellen können. Der Fisch ist 1 bis 2 Meter lang und kann bis 80 Kilo wiegen. Seine zahlreichen Schwimmflossen haben die Eigenart, daß sie bei den Embryos zu Gliedmaßen ausgebildet sind, die eine Vorform von Wirbeltierpfoten oder Flügeln ähnlich denen der Pinguine darstellen.

Das Flughörnchen 112

Dieses sonderbare Tier ist tatsächlich den Fledermäusen verwandter als dem Eichhörnchen, denen es sehr ähnelt. Auf den Inseln Indonesiens lebt es in den Bäumen und sucht sich Insekten, die seine ausschließliche Nahrung sind.

Das etwa katzengroße Flughörnchen mit seinem grauen oder braunen Pelz hat wie die Fledermäuse „Flügel", die aus einer Gleithaut gebildet sind. Das Flughörnchen fliegt eigentlich nicht richtig, sondern schwingt sich von den Spitzen der höchsten Bäume in die Luft, indem es seine Gleithäute wie einen Fallschirm einsetzt. Es kann seinen Flug nach unten beliebig steuern und sinkt wie ein welkes Blatt sanft zu Boden. Unsere Fallschirmspringer, die darauf spezialisiert sind, im freien Fall erst nach einiger Zeit den Fallschirm zu öffnen, benutzen die gleiche Technik wie das Flughörnchen, um ihren Fall in die Tiefe zu steuern. Wie die Fledermäuse ist auch das Flughörnchen ein nächtlich lebendes Tier.

Die Brieftauben 113

Überall in der Welt sieht man Tauben fliegen. Alle können sich so gut orientieren, daß sie geradewegs zu ihrem Nest zurückfliegen, und sind darum alle zur Dressur geeignet.

Die angehenden Brieftauben werden nach und nach auf immer längere Flugstrecken dressiert. So können sie Mitteilungen, die man ihnen in das an einem ihrer Beine befestigten Etui geschoben hat, zu ihrem heimatlichen Nest zurückbringen. Eine andere Richtung können sie aber nicht einschlagen. Schon Ägypter und Römer haben Brieftauben verwendet. Bei manchen Wettbewerben legen Brieftauben Entfernungen von mehr als 900 Kilometern mit einer Geschwindigkeit von fast 100 km je Stunde zurück. Während der letzten Kriege erwiesen sich Brieftauben zur Nachrichtenübermittlung, vor allem für vom Feind eingeschlossene Soldaten, als unersetzlich. Obwohl leicht zu zähmen, sind sie in den Städten oft eine Plage.

Die hilfsbereiten Delphine 114

In allen Meeren der Welt, vor allem aber in wärmeren Gewässern, findet man sie in Scharen: die wendigen und leicht zu zähmenden Delphine und Tümmler.

Delphine sind keine Fische, sondern walartige Säugetiere. Sie können vorzüglich schwimmen und bewegen sich leicht und rasch durch das Wasser. Da sie aber durch Lungen atmen, müssen sie von Zeit zu Zeit an die Oberfläche kommen. Sie sind, je nach Art, bis zu neun Metern lang. Der Delphin zieht die wärmeren Gewässer vor, während der kleinere, rundköpfige Tümmler sich in kälteren Zonen vergnügt, indem er Schiffen folgt und plötzlich aus den Fluten emporschießt. Im Stadion Marineland in Florida und auch an anderen Orten der Welt hat man Delphine gezähmt. Sie bieten mit ihren Sprüngen ein begeisterndes Schauspiel. Man hat sogar schon erwogen, diese intelligenten Tiere zur Rettung von in Seenot geratenen Badegästen abzurichten.

Der gewaltige Wal   115

Er kann bis zu 35 m Länge und 100 Tonnen Gewicht erreichen und ist das größte zur Zeit lebende Tier der Erde. Am liebsten weilt er in kalten Gewässern und besonders in den arktischen und antarktischen Gebieten.

Dieses Meerestier ist kein Fisch, sondern ein warmblütiges Säugetier, das durch Lungen atmet. Der Wal stößt die Atemluft durch zwei Nasenlöcher (oder Spritzlöcher) aus, die auf seinem Kopf sitzen. Diese mit Wasserdampf angereicherte Luft schießt wie ein doppelter Geysir in die Höhe. Früher haben die Walfänger nach diesen Fontänen Ausschau gehalten. Die modernen Verarbeitungsschiffe orten ihre Opfer mit Radar- oder Sonargeräten, manchmal auch mit kleinen Wasserflugzeugen. Diese riesigen Tiere können wegen ihrer stäbchenartigen Zähne (Barten) das Wasser nur filtern und sich von Plankton und winzigen Fischen ernähren. Trotzdem setzen sie mehr als 30 Tonnen Fett an!

Der Lotsenfisch   116

Lange Zeit glaubte man, die Lotsenfische schwämmen mit den Haien, um sie zu ihrer Beute zu führen. Tatsächlich aber begleiten diese kleinen Fische die großen Haie — aber auch große Boote — überall hin.

Einige kleine Fische begleiten fast jeden Hai. Diese winzigen Freunde schwimmen ohne Angst und ungefährdet in nächster Nähe des furchtbaren Gebisses. Aber die Lotsenfische zeigen nicht etwa dem Hai den Weg. Sie folgen ihm, um die Futterreste zu erhaschen, die der Hai beim Zerreißen und Hinunterschlingen der Beute fallen läßt. Ein besonders geschickter, der Schildfisch, heftet sich mit einem Saugnapf sogar an die Haut des Hais und läßt sich ohne eigene Anstrengung von ihm transportieren. Sonderbar ist nur, daß Lotsenfische, die zu weit hinter ihrem großen Freund zurückbleiben, von anderen Haien sofort verschlungen werden!

Der Schwertfisch   117

Wie ein mittelalterlicher Ritter mit seiner Lanze greift der Schwertfisch, der in warmen Meeren lebt, seine Gegner mit seinem schwertartig verlängerten Oberkiefer an.

Der Schwertfisch, dessen Oberkiefer in einem kräftigen, aus Knochenmasse bestehenden Dorn ausläuft, kann 5 bis 6 Meter lang werden und wiegt durchschnittlich etwa 300 Kilo. Wenn dieser Fisch — übrigens einer der schnellsten der Welt — mit einer Geschwindigkeit von 60 bis 80 km/h auf seinen Gegner zustürzt, durchsticht er ihn wie eine Seifenblase. Greift der Schwertfisch ein Fischerboot an, kann er manchmal die Bordwand durchstoßen. Doch dann hat er sich selbst in Gefangenschaft gebracht, denn er weiß nun nicht mehr, wie er sich wieder von dem Boot lösen soll. So wird er zu einer leichten Beute der Fischer.

Der gefräßige Wels 118

Der Wels mit seinem mächtigen Kopf ist der größte Süßwasserfisch und lebt vor allem in der Donau und ihren Nebenflüssen, in den Schweizer Seen und im Kaspischen Meer.

Der Wels, ein Süßwasserfisch mit glitschiger, glatter Haut, kann bis 200 Kilo schwer werden. Es gibt allerdings auch kleine Abarten von ihm. Sein mächtiger Kopf endet in einer dicken Oberlippe mit zwei langen „Barthaaren", die er zum Anlocken kleinerer Fische verwendet. Am Tage schläft und verdaut der Wels am Grunde des Wassers, in Sümpfen oder versteckten Löchern, nachts macht er Jagd auf Fische, Wasservögel, Frösche und sogar Wasserratten. Von den Fischern wird das Fleisch des Wels sehr geschätzt. Kleinere Exemplare werden manchmal im Rhein oder im Doubs gefangen, zum Teil auch in anderen Flüssen.

Der schreckliche Piranha 119

Die Piranhas sind seltsame, grausame Fische, die in den Flüssen Südamerikas leben — im Amazonas, im Orinoko und ihren Nebenflüssen. Sie überfallen Menschen und Tiere.

Die Piranhas sind so gierige Fleischfresser, daß sie in wenigen Augenblicken ein Tier, sei es ein Rind oder ein Pferd, verschlingen können, das sie im Wasser eines Flusses überraschen. Diese Fische, zwischen dreißig und fünfzig Zentimeter lang, leben in großen Scharen zusammen. Ihr Gebiß besteht aus dreieckigen, aneinandergereihten Zähnen, die hart wie Stahl und scharf wie Rasierklingen sind. Blut, das aus einer ersten Bißwunde fließt, zieht die ganze Horde der Piranhas an und leitet das Gemetzel ein. Das Wasser rötet sich und brodelt unter den Angriffen der blutrünstigen Tiere. Bald ist von dem Opfer nichts mehr übrig als ein gänzlich abgenagtes Skelett.

Ein fliegender Fisch 120

Der Flederfisch ein im Mittelmeer durchaus bekannter fliegender Fisch, lebt gern in warmen Gewässern und erhielt von den Fischern den Beinamen „Schwalbenfisch".

Der Flederfisch bewegt sich wie andere Fische mit Schwimmflossen fort und erreicht dabei eine beachtliche Geschwindigkeit. Lang und schmal gebaut (45 cm), kann er seine beiden Brustflossen aus dem Körper ausbreiten wie die Flügel eines Segelflugzeugs. Sehr oft, wenn er einem ihn verfolgenden Fisch entkommen will, schwingt er sich in seiner Angst aus dem Wasser, breitet dann die zarten, roséfarbenen Flossen aus und „schwebt", wobei er Flugstrecken von 100, 200 und sogar 400 Meter zurücklegt, ehe er ins Wasser zurückfällt, wo ihn seine Verfolger inzwischen aus den Augen verloren haben. Wie das Flughörnchen erweckt auch er den Eindruck, als fliege er wirklich.

Der monsterhafte Waran 121

Die Waran-Echse kann sich an Größe und Kraft mit einem Krokodil vergleichen. Heutzutage ist sie hauptsächlich im südlichen Ostasien und an den Ufern des Nil zu finden.

Obwohl sie mit einem im Wasser lebenden Saurier Ähnlichkeit hat, ist die Waran-Echse ein Landtier. Normal wird sie zwei Meter lang, aber die indonesische Kabaragoya, die größte dieser Art, kann sogar drei Meter erreichen. Das Tier bewegt sich langsam und schwerfällig voran und zieht es darum vor, im Gras oder hinter Bäumen und Felsen versteckt seiner Beute aufzulauern und diese dann mit seinen spitzen Zähnen zu packen. Seine seltsame Körperform erinnert an gewisse prähistorische Tiere. Der Waran der Sundainseln, auch „Drachen von Komodo" genannt, scheint direkt vom Dinosaurier abzustammen. Man hat in Australien Reste einer solchen sieben Meter langen Echse gefunden, die einen besonders gräßlichen Anblick geboten haben muß.

Der furchterregende Polyp 122

In allen Meeren der Welt gibt es Polypen. Acht Fangarme dienen ihnen zur Fortbewegung, zum Festklammern an Felsen und vor allem zum Ergreifen und Fesseln ihrer Beute.

Der Polyp ist ein Weichtier, und erreicht normalerweise eine Spannweite von 1 bis 2 Metern. Er jagt vor allem Krabben und Hummer, die er mit seinem knochigen Schnabel zerkleinert. Seine mit Saugnäpfen besetzten Fangarme halten die Klappen der Muschelschalen auseinander, damit er an das Fleisch herangelangt. Er kann sogar einen kleinen Stein in die schmale Öffnung der Muschel schieben, um zu verhindern, daß sie sich schließt. Der Polyp flieht vor den Menschen, kann aber, wenn er erschreckt wird, einen Schwimmer bewegungsunfähig machen, indem er ihm seine Fangarme um Arme oder Beine schlingt.

Der Tintenfisch mit Düsenantrieb 123

In den Küstengewässern der wärmeren Meere schwimmt der bizarr geformte Tintenfisch, dessen einziger Knochen, weiß und oval, unseren Vögeln im Käfig zum Schnabelwetzen dient.

Dieses Weichtier ist ein Verwandter des imposanten Polypen. An den Meeresufern jagt er kleine Wassertiere. Zwei plötzlich vorschnellende, an den Spitzen mit Saugnäpfen besetzte Fangarme ermöglichen ihm das Erbeuten kleiner Fische, die er dann zum Mund führt und mit seinen zwei robusten Horngebissen zerkleinert. Um seinen Feinden zu entkommen, hat der Tintenfisch zwei Hilfsmittel: Er kann eine undurchsichtige Wolke schwarzer Tinte (die Sepia der Maler) ausscheiden, die ihn vor den Verfolgern verbirgt, oder einen heftigen Wasserstrom ausstoßen, durch dessen Rückstoß er plötzlich außer Reichweite befördert wird. So wendet der Tintenfisch schon seit Jahrhunderten im Wasser das Prinzip des Düsenantriebs an!

Die Bandassel — ein Tausendfüßler 124

Die Bandassel gehört zur Gattung der Myriopoden, zu deutsch „Zehntausendfüßler". Dieses kleine Tier scheut das Licht und versteckt sich tagsüber unter Steinen, Blättern und Rinden.

Man nennt die Bandassel für gewöhnlich einen Tausendfüßler. Tatsächlich hat sie nur einundzwanzig Beinpaare, also zweiundvierzig Füße, die ihr zur Fortbewegung bei der nächtlichen Jagd und zur Flucht bei Gefahr dienen. Mit dem letzten Beinpaar ergreift sie die Beute (Wurm, Insekt oder Spinne), während sie ihren Körper um das Opfer rollt und es mit einem Biß ihrer giftigen Zähne lähmt und tötet. Der Biß der Bandassel ist auch für den Menschen gefährlich. Der Tausendfüßler unserer Gegenden ist etwa 10 Zentimeter lang, in Nordafrika mißt er 12 bis 15 und in Südamerika zwischen 20 und 30 Zentimetern!

Johanniskäfer 125

In allen warmen Zonen der Erde und sogar im Mittelmeergebiet gibt es seltsame, kriechende, laufende oder fliegende Insekten, die in der Nacht gelblichgrün leuchten.

Johanniskäfer sind kleine leuchtende Insekten von 6 bis 8 mm Länge, die man an Sommerabenden durch das Dunkel fliegen sieht. Bei den Glühwürmern sind Männchen und Weibchen ganz verschieden ausgerüstet: Das Männchen fliegt, das Weibchen hat keine Flügel, leuchtet aber dafür, so daß man es bei nächtlichen Spaziergängen im Gras bemerkt. Seltsamerweise entsteht dieses Leuchten durch die Atmung des Tieres, bei der ein vom Tier erzeugter Stoff oxydiert und ohne die geringste Wärmeentwicklung das Leuchten hervorruft. Dieser kleine natürliche Scheinwerfer hilft den Tierchen, sich nachts zu finden. Es heißt, die Eingeborenen Mittelamerikas sperrten große Glühwürmer in Käfige, um Licht zu haben!

Die Termiten 126

Diese sehr kleinen Insekten, nur drei bis zwanzig Millimeter lang, haben eine beachtliche Zerstörungskraft, soweit es um Holz geht. Sie leben nur in warmen Gegenden und errichten riesige Termitenbauten von vier bis fünf Metern Höhe.

Die Termiten leben vor allem in Afrika. Ihre organisierte Wohngemeinschaft erinnert an die der Bienen oder Ameisen. Ihr empfindlicher Körper meidet die Sonnenstrahlen, und so bewegen sich diese Tiere durch Gänge, die sie im Dunkel gegraben haben. Es kann passieren, daß ein Baum von innen völlig ausgehöhlt ist, ohne daß der Befall durch diese gefräßigen Insekten bemerkbar wird. Der Termitenhügel besteht aus Zweigen, die durch ein natürliches Bindemittel von solcher Härte verkittet sind, daß man eine Spitzhacke oder Dynamit braucht, um ihn zu zerstören. Ein geniales Belüftungssystem sorgt für eine Innentemperatur zwischen 15 und 25 Grad.

Das sonderbare Känguruh 127

Diese seltsamen Tiere mit dem langohrigen Hasenkopf, die ihre Jungen in einem Beutel mit sich herumtragen, leben auf dem australischen Kontinent, wo es noch mehr bizarre Tiere gibt.

Das Känguruh, das aufgerichtet zwei Meter und mehr hoch sein kann, ist das größte unter den Beuteltieren. Die Känguruhs sind Pflanzenfresser und leben in Herden. Sie laufen nicht, sondern hüpfen, indem sie ihre langen Hinterbeine strecken. Wenn sie sich aufrichten, dient ihnen der lange schwere Schwanz als Stütze, damit sie ihr Gleichgewicht bewahren. Ihre Jungen, die bei der Geburt noch äußerst empfindlich sind, überleben dadurch, daß sie sich noch mehrere Monate in dem Bauchbeutel ihrer Mutter verkriechen. Es gibt in Australien auch Känguruhratten, Felskänguruhs und andere Arten, die in den Bäumen leben und sich von Blättern und Früchten ernähren.

Der geschäftige Biber 128

Biber gibt es hauptsächlich in Kanada und Sibirien. Sie leben in Wäldern an Gewässern. Aus Zweigen und Schlamm bauen sie sich ein Nest, dessen Eingang unter der Wasseroberfläche verborgen liegt.

Ein Biber kann länger als einen Meter werden. Er ist ein Nagetier mit weichem braunem Pelz und kann gut schwimmen und tauchen: Mitunter bleibt er zehn bis fünfzehn Minuten unter Wasser. Seine mit Schwimmhäuten ausgestatteten Hinterpfoten erleichtern ihm das Schwimmen, und sein platter Schwanz dient ihm unter Wasser als Tiefenruder. Mit seinen Zähnen kann der Biber einen Baum mit einem Durchmesser von fünfundzwanzig Zentimetern innerhalb von weniger als vierundzwanzig Stunden fällen. So ist es ihm möglich, große Staudämme zu bauen, mit denen er den Wasserstand reguliert und den Eingang zu seiner Behausung immer verborgen hält.

Das erstaunliche Schnabeltier 129

Säugetier, Vogel oder Fisch — von jeder Tierart hat es gewisse Eigenheiten. Als Überlebender ferner prähistorischer Epochen ist das Schnabeltier das erstaunlichste Lebewesen, das wir kennen. Es lebt auf dem australischen Kontinent.

Das Schnabeltier ist ein Säugetier, denn das Weibchen ernährt die Jungen mit Milch, wenn auch auf etwas sonderbare Weise: Beim Schwimmen tropft aus ihren vielen Zitzen eine nährende Milch ins Wasser, die die Jungen trinken, während sie hinter der Mutter herschwimmen. Das Schnabeltier hat einen Hornschnabel wie die Ente und kurze Pfoten mit Schwimmhäuten. Der platte Schwanz dient als Tiefenruder; mit seiner Hilfe steuert es den unter Wasser liegenden Eingang zum Bau an. Die Ähnlichkeit mit Vögeln wird dadurch deutlich, daß das Weibchen Eier legt, aus denen die Jungen schlüpfen. Noch eine Besonderheit: Aus einem Sporn können die Männchen einen Monat im Jahr ein gefährliches Gift absondern!

Der wunderliche Kiwi 130

Die Rugby-Mannschaften Neuseelands haben sich diesen Namen zugelegt, weil der Kiwi, ein in seiner Art einmaliges Tier, nur noch in Neuseeland vorkommt.

Dieses seltsame Tier hat es vielleicht auch in anderen Gegenden der Welt gegeben, doch heute findet man es nur noch auf dem Archipel Neuseelands, etwa zweitausend Kilometer südöstlich von Australien. Er ist ein Vogel ohne Flügel, aber mit langem Hornschnabel. Sein aufgeplustertes Gefieder sieht eher wie ein brauner Wollpelz aus. Mit seinen kräftigen Pfoten kratzt er die Erde auf, ehe er darin herumpickt. Dabei achtet er sorgsam darauf, nicht die beiden Nasenlöcher zu verstopfen, die am Ende seines Schnabels sitzen. Der Kiwi ist ein nächtlich lebendes Tier, das den Tag in seinem Bau zubringt. Nicht Frau Kiwi, sondern der traditionsbewußte Vater kümmert sich um die Aufzucht der Jungen.

Das Gürteltier 131

Um sich gegen die Schwerthiebe ihrer Gegner zu wappnen, trugen die Ritter des Mittelalters Rüstungen. Das südamerikanische Tatu trägt einen Schuppenpanzer, unter dem es Schutz sucht, wenn ein Feind angreift.

Wenn man seinen Panzer betrachtet, könnte man meinen, das Tatu müsse sich mit gefährlichen Feinden herumschlagen. Tatsächlich ernährt es sich von Insekten, kleinen Tieren, Weichtieren und Reptilien. Vor dem Präriewolf, den es vielleicht fürchtet, läuft es eilig in seinen Bau davon. Die Rüstung des Tatus setzt sich aus beweglichen Hornplättchen zusammen, die sogar seinen Schwanz schützen. In der Pampa Argentiniens lebt ein kleines, mit rosa Schuppen besetztes Tatu, das die Gauchos sich zähmen. Nachts jagt es Ameisen, tagsüber rollt es sich zusammen und schläft, während sein Panzer es gegen unfreundliche Überraschungen schützt.

Der faule Koala-Bär 132

Der sanfte, ängstliche Koala Australiens, der an ein Plüschtier erinnert, lebt auf Eukalyptusbäumen.

„Koala" ist ein australisches Wort und bedeutet „Tier, das nicht trinkt". Tatsächlich hat man noch nie einen Koalabären Wasser trinken sehen. Er löscht seinen Durst durch die ölige Flüssigkeit, die in seiner Hauptnahrung, den Blättern des Eukalyptusbaumes, enthalten ist. Die Bewegungen dieses nächtlich lebenden Beutelbären sind außerordentlich langsam. Die Jungen klammern sich am Hals ihrer Eltern fest, während diese auf der Suche nach Nahrung und einem Schlupfwinkel für den Tag in den Zweigen umherklettern. Mit seinen sanften schwarzen Augen, der kurzen Nase und den großen Wuschelohren gewinnt dieses freundliche, wie ein Spielzeug wirkende Tier die Zuneigung von Kindern und Erwachsenen.

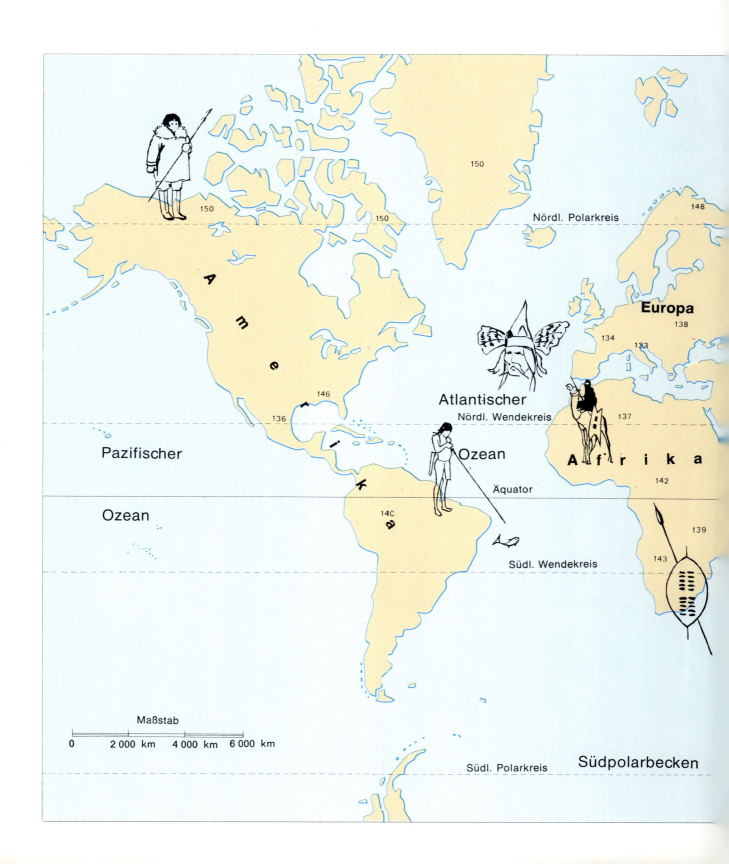

Völker und Rassen

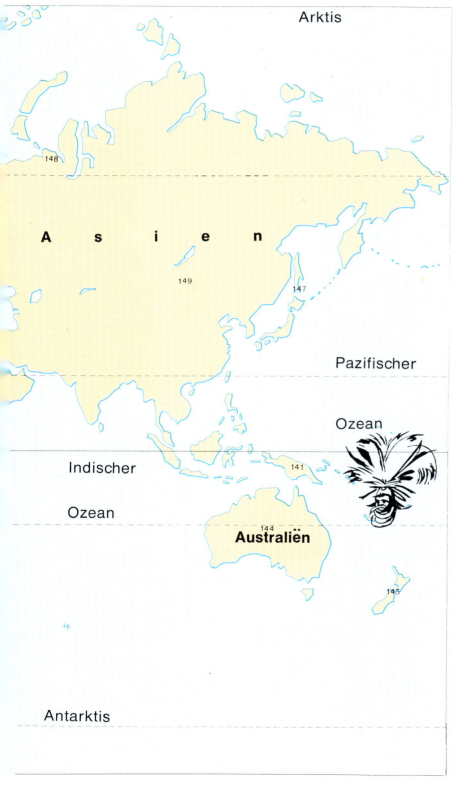

Seit es den Menschen auf der Erde gibt — also seit etwa einer Million Jahre —, wurden achtzig bis neunzig Milliarden Menschen geboren und schlossen sich zu Familien, Stämmen, Gruppen, Völkern und Rassen zusammen... Manche dieser Völker sind verschwunden und haben uns nur schwache Spuren ihrer Zivilisation hinterlassen. Andere haben sich bis in unsere Tage erhalten und bewahren, so gut es geht, die Tradition ihrer Rasse. Einige andere wieder sind gerade im Aussterben...

Die Etrusker 133

Die Etrusker, vermutlich aus Kleinasien stammend, ließen sich im achten Jahrhundert vor Christi Geburt in Italien (Toskana und Etrurien), auf Sardinien und auf den Balearen nieder.

Die Etrusker sind die Vertreter einer italienischen Zivilisation vor dem Zeitalter der Römer. Unermüdlich rodeten die Bauern das Land und bauten Dörfer und Städte. So entstanden Tarquinii, Felsina (Bologna), Mantua und Florenz. Eifrig beuteten sie die Kupfervorkommen der Toskana und das Eisen der Insel Elba aus. Sie stellten Werkzeuge her, Urnen, Waffen, Schmuckstücke und herrliche kleine Statuen. Sie durchkreuzten mit ihren Booten das Mittelmeer. Da man sie auch Tyrrhenier nannte, erhielt das Tyrrhenische Meer zwischen Italien, Korsika, Sardinien und Sizilien seinen Namen nach ihnen, während die etruskische Stadt Adria dem Adriatischen Meer seinen Namen verlieh.

Die Gallier 134

Das Volk der Gallier war als Rasse durch eine gemeinsame Sprache, den gleichen Glauben und gleiche Lebensart verbunden, lebte aber auf dem Gebiet des heutigen Frankreich in mehreren selbständigen Nationen oder Städten.

Gallien zählte zu Beginn unseres Zeitalters eine in verschiedene Nationen aufgeteilte Bevölkerung von mehr als zehn Millionen. Einige dieser Völker trugen Namen, die noch heute in den Namen von französischen Städten oder Landschaften erhalten geblieben sind. Die Gallier waren wilde Krieger, die für ihre Nachbarvölker eine ständige Bedrohung darstellten. Sie überfielen das heutige England sowie Spanien, Österreich und Norditalien. Sie gründeten das Reich Gallia Cisalpina und kamen bis nach Rom, das sie plünderten. Diese Plünderung wurde zum Anlaß für die gut ausgebildeten Legionen Cäsars, einen Vergeltungsfeldzug zu führen und Gallien für die Römer zu erobern.

Die Franken 135

Aus den baltischen Ländern und Mitteleuropa kommend, überquerten nach längerem Aufenthalt in Germanien die Franken den Rhein und ließen sich in Gallien nieder.

Das Volk der Franken wurde um 254 zunächst von den römischen Armeen auf das rechte Ufer des Rheins zurückgeworfen. Die Franken ließen sich dort nieder und spalteten sich in zwei große Gruppen auf: die salischen Franken (so genannt nach dem Nebenfluß des Rheins, Sala, dem heutigen holländischen Ijsel) und die Ripwarier (an den Ufern des Rheins lebend). Da es ihnen mit Gewalt nicht gelang, gallisches Gebiet zu betreten, drangen die Franken einzeln ein und wurden dort seßhaft. So vollzog sich eine friedliche und schrittweise Einwanderung. Dank ihrer Intelligenz, ihres Mutes und ihrer Geschicklichkeit faßten die Franken nach Abzug der Römer in Gallien endgültig Fuß und gaben dem Land 843 ihren Namen — Frankreich.

Die Azteken 136

Als die Spanier 1519 mit der Eroberung Mexikos begannen, glaubten sie, in ein Land von Barbaren einzudringen. Zu ihrer Überraschung trafen sie auf große, zivilisierte Städte wie Mexiko, in dem mehr als 100 000 Azteken lebten.

Die Azteken sind die Nachfolger der Tolteken und der Mayas, deren Zivilisation sich über ganz Mittelamerika erstreckte. Zur Zeit der spanischen Eroberung waren die Azteken in einem mächtigen Reich zusammengefaßt. Imposante, majestätische Sonnentempel streckten ihre regelmäßige Pyramidenform dem verehrten Gestirn entgegen. Die Religion der Azteken verlangte leider Menschenopfer, und viele Unglückliche wurden auf den Plattformen dieser Pyramiden den Göttern Huitzilopochtli und Quetzalcoatl (Federschlange) als Opfer dargebracht. Die Azteken wußten Papier herzustellen, Leder zu gerben, Stoffe zu weben und Metall zu formen. Es gibt von ihnen schöne Keramiken, Mosaike und Skulpturen.

Die Tuareg der Sahara 137

Mitten in der unwirtlichen Sahara, umgeben von den Höhenzügen des Tassili, des Aïr und des Hoggar, lebt ein Volk von Halbnomaden: die Tuareg.

Auf den 1 200 000 Quadratkilometern ihres Gebietes leben 900 000 Tuareg, die ständig umherziehen, um ihre Herden auf magere Weiden zu treiben oder mit anderen Völkern zu handeln, indem sie Steinsalz gegen Getreide tauschen. Die Tuareg, oder auch Targui, schützen sich durch Gewänder vor Wind, Sonne und Sand: Hemd, Hose, Tunika und Schleier. Den Schleier, Litham genannt, legen sie auch beim Schlafen nicht ab. Die meist blaue Farbe der Kleider färbt schließlich auf die Haut ihrer Träger ab, so daß diese Herren der Wüste auch oft „blaue Männer" genannt werden. Von den Edlen des Stammes gewählt, ist der Amenôkal der Fürst des Stammes der Tuareg.

Die Zigeuner 138

Die Zigeuner, ein Nomadenvolk, kamen im fünften Jahrhundert aus dem Nordwesten Indiens. Heutzutage sind sie in Europa und an den Mittelmeerküsten Asiens und Afrikas unterwegs.

Das englische Wort „Gypsies" für Zigeuner deutet auf ihren ägyptischen Ursprung hin, das italienische „Zingari" verweist auf die berühmten böhmischen Musikanten, die Zigany. Tatsächlich aber kam das Volk der Zigeuner aus den Gebieten des Hindukusch und des Karakoram, ehe es sich in Ägypten und Böhmen niederließ. Einige unter ihnen sprechen noch heute das Romani, eine Sprache indischen Ursprungs. Sie sind fast alle Nomaden und leben in Wohnungen, die sehr luxuriös oder auch armselig sein können. Die Männer befassen sich mit Pferdehandel, Verkauf auf Jahrmärkten, sind Korbmacher, Tänzer, Musikanten. Die Frauen können auf gut Glück wahrsagen...

Die wehrhaften Zulus 139

Der mächtigste Volksstamm Südafrikas, die Zulus, haben einer ganzen Zahl europäischer Expeditionen widerstanden, ehe sie sich schließlich unterwarfen.

Die Zulus wohnen in Zululand, einem Gebiet der Südafrikanischen Union. Noch immer leben sie in Krals, kreisförmig angelegten leichten Hütten. Die Krals sind von einem Palisadenzaun umgeben, der Menschen und Herdenvieh vor Gefahren von außen, Tieren oder Feinden, schützt. Der Kral des Häuptlings stellt ein regelrechtes militärisches Feldlager dar. Wenn es in dem bewohnten Gebiet nicht mehr genügend Wild gibt, verlassen die Zulus ihr Dorf und bauen sich anderswo neue Hütten. Sie bekleiden sich mit Tierfellen: Lederröcke für die Frauen, Leopardenfelle für Häuptlinge und Krieger. 1879 wurden sie von den Briten unterworfen.

Die grausamen Jiwaro-Indianer 140

Am Fuße der südamerikanischen Anden, an den Ufern des Amazonas, im tropischen Urwald Ekuadors, leben die Jiwaro-Indianer, die eigenartige Kopftrophäen sammeln.

Im weiten Urwald am Amazonas leben Volksstämme, von denen einige sehr primitive noch mit dem Bogen oder dem Blasrohr jagen oder mit durch Kurare vergifteten Pfeilen schießen. Nur wenige von ihnen betreiben auch nur den notdürftigsten Ackerbau. Die zu ihnen gehörenden Jiwaro-Indianer sind grausame Krieger. Sie schneiden ihren Gegnern den Kopf ab und machen daraus Tsantsas, sogenannte Kriegstrophäen: Aus dem Kopf werden alle Knochen entfernt, dann wird er in einen gerbenden Sud getaucht, danach mit warmen Steinen zusammengedrückt und ausgetrocknet. So nimmt der noch immer Haare tragende Kopf die Größe einer Orange an, und sein Besitzer ist angeblich in den Besitz magischer Kräfte gelangt, die mit der Zahl der Köpfe zunehmen!

Die grausamen Papua 141

Die Papua, ein schwarzes Volk auf Neuguinea, einer großen Insel nördlich von Australien, sind zum Teil noch fast wild.

Auf Neuguinea, einer Insel von der Ausdehnung Großbritanniens, haben riesige Sümpfe, ein undurchdringlicher Wald und schwierig zu überwindende Berge es bisher unmöglich gemacht, die Zivilisation zu den Volksstämmen im Landesinneren zu tragen. Die Papua, Überlebende aus prähistorischer Zeit, schleifen die Steinaxt und schlagen dem besiegten Gegner den Kopf ab. Die Kopfjagd ist übrigens ein religiöser Ritus: Der Sieger glaubt, die Kraft, der Mut, die Schläue des Enthaupteten gingen auf ihn über. Einige der voneinander sehr isoliert lebenden Stämme, die mit Pfeilen bewaffnet sind, haben den Schild noch nicht entdeckt, aber sie kennen das Feuer und wissen, wie man es durch Reiben einer Liane auf trockenem Holz entzündet.

Die kleinen Pygmäen   142

Im Urwald, mitten in Afrika, lebt ein Stamm kleiner Menschen, die Pygmäen. Die größten unter ihnen erreichen nicht einmal ein Meter fünfzig!

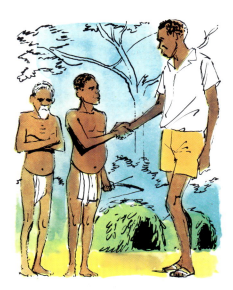

Die kleinen, sehr scheuen Pygmäen leben versteckt im weiten Urwald, einige auf den malaiischen Inseln, aber die meisten in Afrika. Da sie Nomaden sind, siedeln sie sich nur provisorisch auf einer Waldlichtung an, wo es reichlich Wild gibt. Während die kleinen Männer mit ihren Bogen oder dem Assagai, dem Wurfspeer, Antilopen, Affen und sogar Elefanten jagen, bauen die Frauen aus Zweigen und Blättern die Hütten, gehen zum Fischfang, pflücken Früchte oder suchen nahrhafte Wurzeln. Wenn der Wildbestand nicht mehr ausreicht, verlassen die Pygmäen ihre Hütten und begeben sich auf die Suche nach einem neuen, ertragreicheren Jagdgebiet.

Die primitiven Buschmänner   143

Aus den wohnlicheren Gebieten Südafrikas durch das Vordringen der Hottentotten und der Weißen verjagt, lebt das Volk der Buschmänner jämmerlich am Rand der Kalahari.

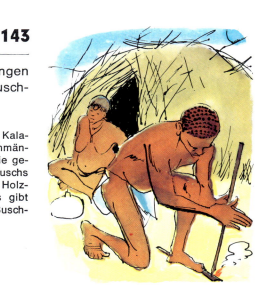

Die Buschmänner sind unter allen Völkerstämmen der Erde die primitivsten und benachteiligtsten. Sie wissen nichts von Ackerbau und nähren sich von den Gräsern und Wurzeln der Wüstenrandgebiete. Mit dem Bogen jagen sie das magere, spärliche Wild und scheuen nicht davor zurück, ihren Hunger mit Insekten und Würmern zu stillen. Da die Nächte in der großen Wüste Kalahari sehr kalt sind und die Buschmänner keine Kleider haben, haben sie gelernt, ein Feuer mit Zweigen des Buschs zu entzünden, indem sie trockene Holzstücke gegeneinander reiben. Es gibt noch siebentausendfünfhundert Buschmänner.

Die Ureinwohner Australiens   144

Elf Millionen Einwohner leben auf dem großen Kontinent Australien, fast alle sind Nachkömmlinge europäischer und asiatischer Einwanderer. Es gibt nur noch fünfzigtausend Überlebende der Ureinwohner Australiens.

Die echten Australier sind im Aussterben. Sie leben in ihnen aufgezwungenen Reservaten in unwirtlichen, armen, eng begrenzten Gebieten in Stämmen zusammen und fristen ihr Dasein als Nomaden von gepflückten Früchten und der Jagd. Sie haben sich die Dingos, die gelben australischen Hunde, zu Jagdgefährten dressiert. Ihre provisorische Hütte ist je nachdem, ob es Regen- oder Trockenzeit ist, anders aufgebaut. Ihre rituellen Tänze haben vielfältige Bedeutung. Alles, was sie herstellen, auch ganz normale Gebrauchsgegenstände, schmücken sie mit aufgemalten oder eingeschnitzten geometrischen oder spiralförmigen Motiven.

Die Maori 145

Als die Europäer um 1642 Neuseeland entdeckten, war es bewohnt von einem Volk, das von den Weißen Polynesiens und den Schwarzen Melanesiens abstammte. Diese Maori widersetzten sich den Eindringlingen lange Zeit.

Heutzutage üben die auf Neuseeland lebenden 180 000 Maori ungefähr die gleichen Beschäftigungen aus wie ihre europäischen Mitbürger (die sie Pahekas nennen): Sie sind Farmer, Handwerker, Geschäftsleute oder Abgeordnete. Sie leben in gutem Einvernehmen mit ihren Nachbarn, bemühen sich aber, einige ihrer althergebrachten Traditionen zu bewahren oder wiederzufinden.

Bei bestimmten Gelegenheiten tanzen sie sogar die alten Tänze: Mit Lendenschurzen aus Raffiabast bekleidet, Gesicht und Körper rot bemalt, mit langen Lanzen bewaffnet, tanzen sie barfüßig den Haka, den Auftakt zum Krieg. Wenn sie Freunde empfangen, äußern sie ein erfreutes „Hongi!" und reiben dann ihre Nase an der des Gastes.

Die Akadier in den Sumpfgebieten 146

Die Akadier leben im Land der Sümpfe in Louisiana im Süden der USA. Diese Menschen französischen Ursprungs entstammen kanadischen Familien, die deportiert wurden.

Im großen Mississippi-Delta hat das Wasser des Flusses ein Gewirr von Nebenarmen, Seen und Sümpfen gebildet. Die Bewohner dieser Gegend, die Akadier, leben meist in schwimmenden Behausungen, und die Hauptstraße zahlreicher Dörfer ist ein Wasserlauf. Zweitausend Akadier, von den Engländern um 1715 deportiert, flüchten sich in diese Sumpfgegend, und ihre Nachkommenschaft zählt heute 300 000 Menschen. Ihre Sprache ist urwüchsig und erinnert an Französisch. Als weiße Rasse leben die Akadier in gutem Einvernehmen mit den Schwarzen Louisianas, die wie sie aus ihrem Herkunftsland verschleppt wurden.

Die Ainu 147

Ohne Zweifel sind die Ainu die Ureinwohner Japans. Sie haben sich in den nördlichen Teil der Inselgruppe zurückgezogen, um ihre traditionsgebundene Lebensweise und die Reinheit ihrer weißen Rasse zu erhalten.

Als die gelbe Rasse der Japaner sich auf der Inselgruppe niederließ, fand sie dort eine Urbevölkerung weißer Rasse vor: die Ainu. Nach und nach zogen sich die Überlebenden dieser Rasse auf die Inseln Hokkaido und Sachalin zurück, wo heute kaum mehr als fünfzehntausend erhalten geblieben sind. Die weißen Japaner sind bemüht, ihre Sprache und Tradition zu bewahren.

Die Männer tragen buschige Bärte und schnitzen sich erstaunliche Holzstäbchen, mit denen sie den Bart anheben, um müheloser essen und trinken zu können. Ihre Kleidung aus handgewebten Stoffen ist mit Kronen aus Strohgeflecht verziert. Eine ständig brennende Flamme in jedem Haus verkörpert die Schutzgöttin der Familie.

Die Lappen

148

Das Volk der Lappen lebt im Norden Europas, nördlich des Polarkreises, in Gebieten, die zu Norwegen, Schweden, Finnland und der UdSSR gehören, unter noch sehr primitiven Lebensbedingungen.

Die kaum mehr als dreißigtausend Lappen weigern sich, die arktischen Gebiete Europas zu verlassen, in denen sie je nach Jahreszeit umherwandern. Im Winter leben sie im Süden in fensterlosen Hütten aus pyramidenförmig aufgeschichtetem Knüppelholz. Im Sommer treiben sie ihre Renherden auf die Weiden im Norden und leben in Zelten aus Renfellen. Im Frühjahr und im Herbst zeigen sie ihre Geschicklichkeit, kreisrunde Unterschlupfe aus Erdschollen zu errichten, die an die Iglus der Eskimos erinnern. Ihr traditionell blaues Gewand ist mit roten und gelben Bändern geschmückt. Viehzucht, Fischerei, Jagd, Waldarbeit und Handwerk ermöglichen ihnen eine armselige Existenz.

Die tapferen Mongolen

149

Zwischen der UdSSR im Norden und China im Süden bewohnen die Mongolen ein von großen Wüsten und hohen Gebirgen begrenztes Gebiet, das zu den abgelegensten Asiens gehört.

Die Mongolen, deren Name „tapferes Volk" bedeutet, leben in einem weiten, kargen Gebiet. Als Hirtenvolk befassen sie sich hauptsächlich mit der Zucht von Schafen, Jaks, Pferden und Kamelen. In diesem Land, das dreimal so groß wie Frankreich ist, leben sie als Nomaden, die weiterziehen, wenn die Nahrung für ihre Herden nicht mehr ausreicht. Sie wohnen in Jurten, runden Zelten mit Wänden und Dächern aus Filz, einem Material, das sie durch das Walken von Tierhaaren gewinnen. Die Mongolen mit ihren Schlitzaugen, der flachen Nase und dem gedrungenen Körper kennen wie die ihnen artverwandten Eskimos rauhe Lebensbedingungen — einen Temperaturunterschied von 75° zwischen Sommer und Winter!

Die Eskimos

150

Die Eskimostämme leben an den vereisten Ufern der arktischen Meere, vor allem im Norden Amerikas und Grönlands, wo sie Jagd auf im Meer lebende Säugetiere machen.

Es gibt auf der Welt etwa 50 000 Eskimos, die in kleinen Gemeinschaften zu 200 bis 500 Seelen zusammenleben. Charakteristisch für sie sind eine kurze Nase und Schlitzaugen. Die kleinwüchsigen Eskimos sind selten größer als 1,50 m. Männer und Frauen hüllen sich in Pelze aus den Fellen von Bären, Robben oder Füchsen. Die europäischen Skifahrer haben von ihnen die Idee der Anoraks übernommen, die ein ausgezeichneter Schutz gegen Kälte sind. Die Eskimos bauen Häuser aus Stein, aus Holz oder aus Tierhäuten. Während ihrer Wanderungen über das Packeis jedoch verkriechen sie sich in Iglus aus Schnee oder Eis, die sie durch das Verbrennen von Tierfett heizen und in denen sie vor der Polarkälte und Schneestürmen geschützt sind.

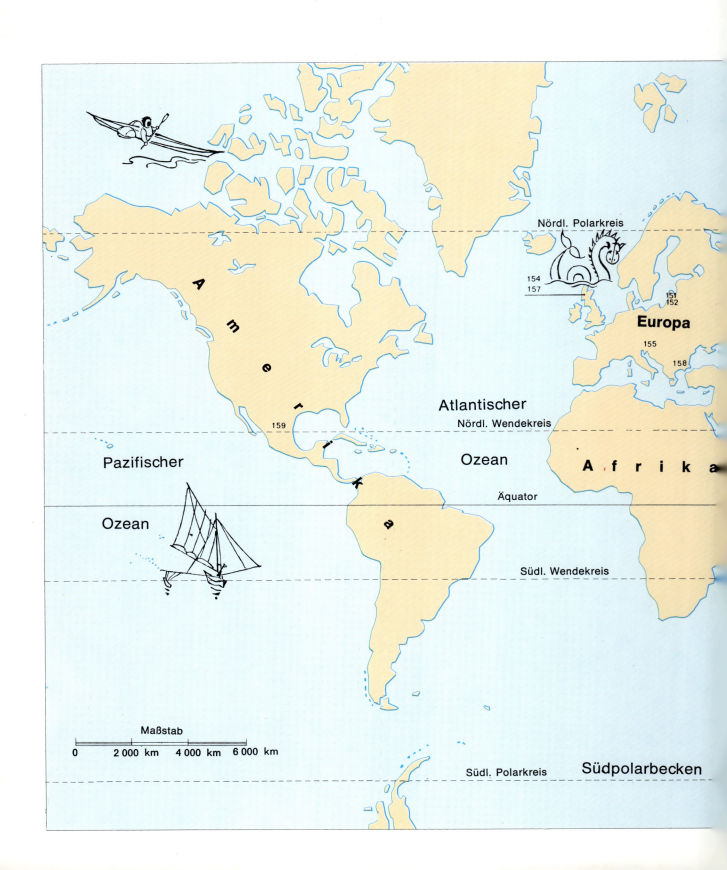

Bräuche und Traditionen

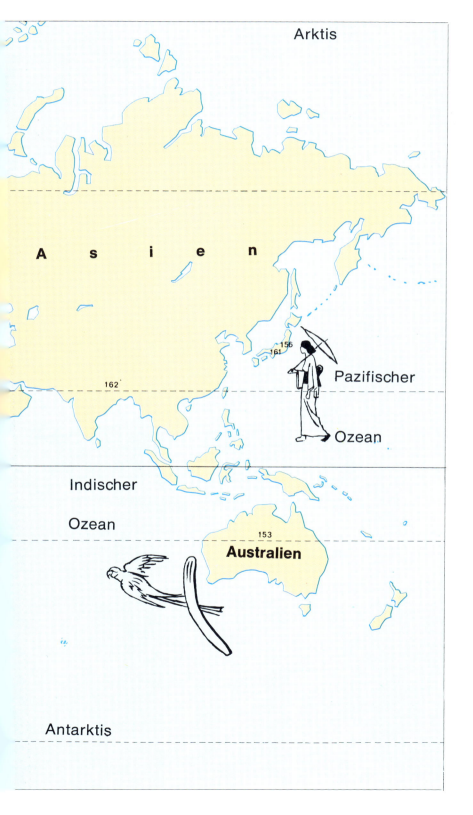

Jedes Volk, jede Landschaft, jede Familie hat eigene Traditionen, die ehrfurchtsvoll von Generation zu Generation im Gedenken an die Vorfahren weitergereicht werden. Dieses Gemisch aus Bräuchen, Glaubenserfahrungen, Prinzipien, Legenden, Verhaltensweisen bildet die Folklore eines Landes oder den Geist einer Familie. Nicht immer läßt sich für bestimmte Bräuche eine Erklärung finden, besonders dann nicht, wenn sie sich seit ihrer Entstehung weiterentwickelt haben.

Die Blumenuhr 151

Aalsmeer ist das Blumenzentrum Hollands. Die Blumen werden in einer schweigenden Auktion über ein beleuchtetes Zifferblatt mit Zeiger, die Blumenuhr, versteigert.

In ihren zahlreichen Gewächshäusern ziehen die Holländer die verschiedensten Blumen: Rosen, Flieder, Chrysanthemen, Grünpflanzen, Begonien, Farne, Nelken... Diese wissenschaftliche Aufzucht stützt sich auf Dünger, künstliche Wärme und die Bestrahlung mit ultraviolettem Licht. Blumen und Pflanzen werden dann in völligem Schweigen vor der großen Uhr verkauft. Die Käufer sitzen in den Bankreihen des Saales und drücken einen Knopf, wenn der Zeiger den Preis anzeigt, den sie bezahlen möchten. Wer als erster drückt, hat den Posten. Die anderen warten den nächsten Posten ab und drücken etwas eher (etwas teurer!), wenn sie vor Schluß des Marktes noch Ware erwerben wollen.

Der Edamer und der Gouda 152

Edam und Gouda, zwei Städte in den Niederlanden, haben ihre Namen zwei Käsesorten verliehen, die man überall in der Welt als holländischen Käse kennt.

So wie man einen französischen Käse Camembert nennt, nennt man diese beiden Käse Edamer und Gouda. Ausländer denken an Käsekugeln, die mit einer Schutzschicht aus rotem Wachs umgeben sind. Aber in Alkmaar, nördlich von Amsterdam gelegen und Zentrum der Käseherstellung, präsentieren sie sich als gelbe Käsekugeln, die auf hölzernen Tragen aufgereiht oder aufgestapelt liegen und versteigert werden. Die Männer, die den Käse tragen, sind schwarz gekleidet und tragen einen glänzenden blauen, roten, schwarzen oder grünen Hut. Dieses Gewerbe wird vom Vater auf den Sohn vererbt. Vor dem vollgepackten Verkaufstisch bekräftigen Käufer und Händler traditionsgemäß das abgeschlossene Geschäft durch Handschlag.

Der gehorsame Bumerang 153

Wie die alten Ägypter oder manche Stämme Indiens benutzen auch die Primitiven Australiens den Bumerang, ein Wurfgeschoß für die Jagd — und den Krieg! Der Bumerang legt seine Bahn in einer schraubenförmigen Propellerbewegung zurück.

Die Ureinwohner Australiens sind Spezialisten für Wurfwaffen: Sie perfektionierten die Lanze, indem sie ihr einen Antrieb hinzufügten, der ihre ursprüngliche Fluggeschwindigkeit erhöhte. Aber ihre Genialität triumphiert in der Erfindung und Anwendung des Bumerangs, der aus einer Astgabel der Akazie oder des Eukalyptusbaumes geschnitzt wird. Das Holz wird bearbeitet, bis es flach ist — mit zwei verschiedenen Flächen wie die Blätter eines Propellers. Der fertige Bumerang ist zwischen vierzig und neunzig Zentimeter lang. Wirft man ihn in die Luft, kann er eine Strecke von mehreren hundert Metern zurücklegen. Dann trifft er entweder sein Ziel, oder er kehrt, wenn er gegen nichts gestoßen ist, auf seiner Flugbahn zum Werfer zurück.

Das Ungeheuer von Loch Ness 154

Schottland im Norden Großbritanniens hat viele Seen. Ein See heißt in Schottland „loch", und der größte der schottischen Seen ist der Loch Ness.

Auf den britischen Inseln werden Überlieferungen lange bewahrt. In Schottland, dem Land der Nebel und Heidelandschaften, kommen noch seltsame Geschichten und der Glaube an übernatürliche Dinge dazu. So hält man alle alten Schlösser für den Wohnsitz von Geistern. Der Loch Ness, 40 km lang und 2 bis 3 km breit, hat etwas ganz anderes zu bieten: Im Sommer, wenn das Wasser flach und klar ist, behaupten Anwohner, ein mächtiges Seeungeheuer lautlos über den Grund gleiten gesehen zu haben. Solche Visionen ereignen sich zufällig immer in Zeiten, in denen es an wichtigen, aktuellen Neuigkeiten mangelt und die Zeitungen froh sind, wieder einmal über das Ungeheuer berichten zu können.

Die venezianischen Gondeln 155

Die Gondeln Venedigs sind Boote mit vier oder fünf Plätzen, in denen die Passagiere durch die Kanäle oder von einem Ufer zum anderen gefahren werden, wo es wegen der Breite des Kanals nicht möglich war, eine Brücke zu bauen.

Obwohl elf Meter lang, mißt die Gondel an ihrer breitesten Stelle nicht mehr als ein Meter vierzig. Ein Gondoliere, der aufrecht auf der hinteren Plattform steht, treibt sie mit Hilfe eines einzigen, auf der rechten Seite fest angebrachten Ruders an. Die beiden Bordwände des Bootes sind asymmetrisch, um das Gewicht des Gondoliere auszugleichen und einen geraden Kurs zu ermöglichen. Im 18. Jahrhundert entschied ein Doge, daß alle Gondeln schwarz zu streichen seien. In Venedig gibt es etwa fünfhundert Gondolieri, die das traditionelle Kostüm aus flachem, mit Bändern geschmücktem Hut und dunkler Weste über gestreiftem Trikot tragen.

Der Kimono 156

Der Kimono ist das traditionelle Kleidungsstück der Japaner. Diese vorn gekreuzte Tunika wird auch heute noch von Männern und Frauen getragen, wenn sie zu Hause die moderne Kleidung abgelegt haben.

Für den Europäer ist der Kimono eine Art Morgenrock, dessen Schnitt aus Japan stammt. In Japan selbst hat er den Charakter einer Nationaltracht behalten. Die Japaner tragen ihn zu Hause, um eine Tradition zu bewahren und dem modernen Leben zu entfliehen. Der Kimono aus Baumwolle, Yukata, ist ein einfacher Kittel für die Hausarbeit. Aber der seidene, reich bestickte Kimono ist ein Kleidungsstück, das man zu Empfängen und großen Festlichkeiten trägt. In der Taille hält man ihn durch einen breiten Gürtel, den Obi, zusammen, der im Rücken einen großen Knoten bildet. Dieser Knoten ist je nach Alter, Geschlecht, Rang und Heimat des Trägers verschieden.

Der Kilt des Clan   157

Die Schotten halten unerschütterlich an der Tradition der Vorfahren fest und tragen zu vielen Gelegenheiten noch immer den „Kilt", ein Nationalkostüm aus kariertem Stoff.

In ihrer Kleidung lassen die Schotten den Geist der „Clans" weiterleben, in denen mehrere befreundete Familien zusammengeschlossen waren. Der Clan wählte sich ein bestimmtes Karomuster (Schottenkaro), dessen Zeichnung und Farben ausschließlich seinen Mitgliedern vorbehalten waren. So erkannte man bei Streitigkeiten zwischen den Clans leicht, wer wohin gehörte. Die Männer tragen den Kilt, einen Faltenrock im Karomuster des Clan. Er wird in der Taille von einem Gürtel gehalten, an dem vorn ein Beutel (Sponan) hängt, der auf praktische Weise die fehlenden Taschen ersetzt. Ein Mützchen mit Pompon und ein ebenfalls in den Farben des Clan karierter Umhang vervollständigen dieses malerische Kostüm.

Die Klöster auf der Meteora   158

Die hoch auf der Meteora-Felsgruppe stehenden Klöster, gehören zu den Sehenswürdigkeiten Griechenlands.

Auf felsigen Bergspitzen, die wie riesige Druidensteine oder gewaltige natürliche Obelisken aufragen, beherbergen zahlreiche kleine, seit dem 14. Jahrhundert bestehende Klöster als Einsiedler lebende Mönche und schützen sie vor Räubern. Man konnte diese Zufluchtstätte nur über zusammenklappbare Leitern erreichen, die bei Gefahr hochgezogen wurden, oder mit schwindelnd hohen Winden, die dazu bestimmt waren, Lebensmittelvorräte hinaufzuziehen. Das größte dieser Klöster, 534 m hoch gelegen, besitzt eine Bibliothek, eine Kapelle, fünfzig Zellen, eine Zisterne, ein Refektorium... Früher war Frauen der Eintritt untersagt. Auch heute leben dort noch Mönche, aber sie empfangen sämtliche Besucher — ohne Unterschied der Religion und des Geschlechts!

Der Tanz des Volador   159

Der Tanz des Volador, der immer wieder überall in Mittelamerika und besonders am Golf von Mexiko vorgeführt wird, ist Überbleibsel der Opferungsriten der Azteken.

Der Tanz des Volador zieht stets ein zahlreiches Publikum an. Auf einem dreißig Meter hohen Mast befindet sich eine kleine drehbare Plattform. Vier lange Leinen hängen rings um den Mast, die ein ebenfalls beweglicher viereckiger Rahmen vom Mast fernhält, wenn sie sich abrollen. Ein Vortänzer und vier Tänzer klettern auf die Spitze des Mastes und beginnen auf der winzigen Plattform beim Klang von Flöten und Trommeln zu tanzen und zu springen. Schließlich stürzen sich die vier „voladores" ins Leere. Mit den Füßen an den vier Leinen hängend, beschreiben sie immer weitere Kreise mit nach unten hängendem Kopf und ausgebreiteten Armen, während die Leinen sich abrollen und der Vortänzer den langsamen und gefährlichen Abstieg seiner Vogelmenschen beobachtet.

Die Kaaba in Mekka 160

In Saudi-Arabien, in der Nähe des Roten Meeres, ist in der Großen Moschee Mekkas, des Geburtsortes des islamischen Propheten Mohammed, die Kaaba das Ziel muselmanischer Pilger.

Das heilige kubische Bauwerk („kaaba" heißt Würfel) ist ständig mit einem schwarzen Schleier bedeckt. Man tritt dort durch eine einzige Tür ein, die zwei Meter über dem Boden liegt und die man über eine bewegliche Holztreppe erreicht. In einer Ecke des Heiligtums ruht der „Schwarze Stein", eingefaßt in einen Silberblock, der seine Bruchstücke zusammenhält. Der Schwarze Stein, ein Lavabrocken, soll Abraham und Ismael, seinem Sohn, vom Engel Gabriel überreicht worden sein. Die Pilger küssen ehrfürchtig den Stein. Dreihundert Millionen Mohammedaner wenden sich, wo immer sie auch sind, in Richtung Mekka, um zu beten, und wünschen sich, den Stein eines Tages zu sehen, um ihrem Namen den begehrten Titel Haddsch (Heiliger) hinzufügen zu dürfen.

Der hochgeschätzte Furo 161

Der Furo (oder Ofuro) ist das traditionelle Bad der Japaner. In jedem japanischen Haus, ob reich oder arm, gibt es die steinerne Badewanne oder den hölzernen Bottich. Das allabendliche Familienbad hat rituellen Charakter.

Der Furo ist ein sehr heißes Bad, das man am Ende eines Tages in einer von unten beheizten Badewanne nimmt, die eine ständig heiße Wassertemperatur gewährleistet. Oft ist es mineralien- oder schwefelhaltiges Wasser, das mit Duftstoffen oder medizinischen Zusätzen angereichert ist. Ehe man in das große Gemeinschaftsbad steigt, muß man sich einseifen und mit klarem Wasser abspülen. In dem ziemlich warmen Furo rötet sich die Haut der Badenden, weil der Blutkreislauf angeregt wird. Ist die Badewanne zu klein, um alle aufzunehmen, badet zuerst der Vater, dann die Mutter, darauf die Kinder und schließlich auch noch die Dienstboten! Das Furo-Bad vertreibt Müdigkeit und schenkt völlige, wohltuende Entspannung.

Der Ganges, ein heiliger Fluß 162

Viele Bewohner Indiens schreiben dem Wasser des Ganges die Kraft zu, Körper und Seelen zu reinigen. Aus diesem Grunde kommen unzählige Pilger, um darin zu baden.

Er entspringt im Himalaya und ergießt sich nach einer Strecke von 2 700 Kilometern durch Indien in den Golf von Bengalen. Der Ganges ist ein heiliger Fluß und wird jedes Jahr von Millionen von Pilgern aufgesucht. So stehen in Benares, der heiligen Stadt, zahlreiche Tempel und Moscheen an den Ufern des Ganges. Die Kais sind nichts als eine ununterbrochene Folge von Treppen voller Pilger, die im Gebet oder in Meditation versunken sind. Nachdem sie in dem reinigenden Wasser untergetaucht sind und davon getrunken haben, tragen sie in ihr fernes Dorf kostbare Flaschen mit dem Wasser zurück, um sie ihren Freunden zu schenken. An den Ufern des Ganges brennen die Scheiterhaufen der Toten. Der Fluß trägt ihre Asche fort...

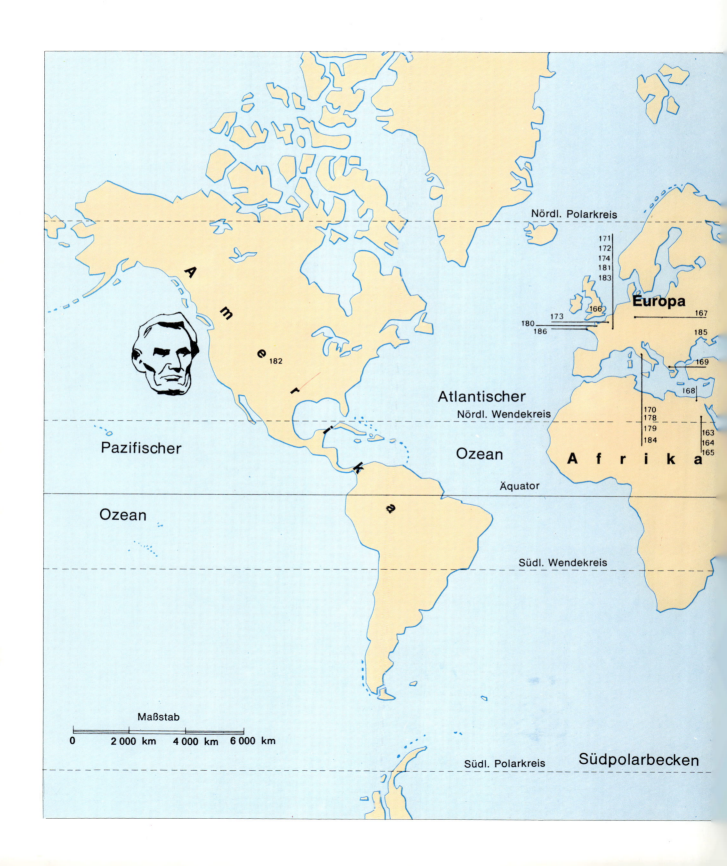

Kunstschätze

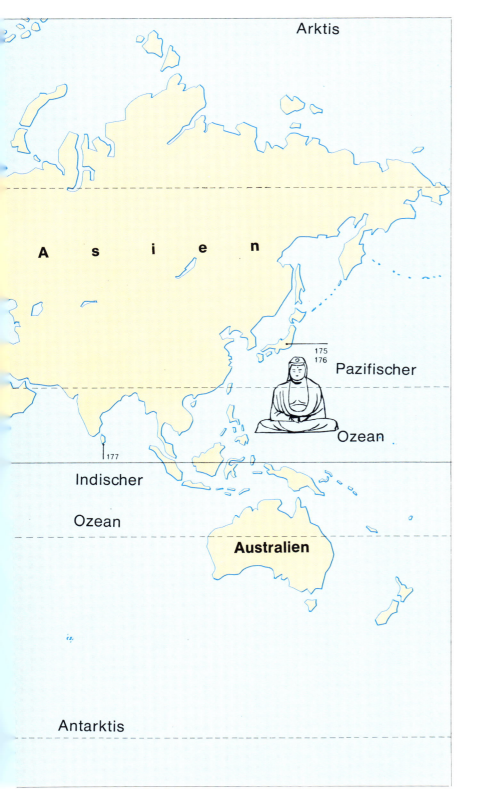

Kunstwerke sind schön durch sichtbare und unsichtbare Eigenschaften. Die liebevolle Sorgfalt, die bei ihrer Entstehung am Werk war, gilt ebensoviel wie die gewissenhafte Auswahl des Materials. In der Kunst wird oft die Absicht, etwas „gut" zu machen, vom Künstler selbst übertroffen und führt zu etwas „Schönem". Ein solches Werk wird dann ein Meisterwerk. Eine einfache Axt, aus Kieselstein gehauen, ist ebenso bewundernswürdig wie eine glänzende, monumentale Skulptur aus dem herrlichsten Marmor. So haben Handwerker und Künstler aller Kulturen dazu beigetragen, das künstlerische Erbe der Welt reicher zu machen.

Die Memnonskolosse 163

Auf den Nil blickend und über der Ebene von Theben aufragend befinden sich nicht weit von Karnak und Luxor die Reste zweier sitzender Kolosse, der einzigen Überbleibsel eines Tempels.

Die Kolosse, die beide den Pharao Amenophis III. darstellen, flankierten um 1400 v. Chr. den Eingang des imposantesten Tempels im Neuägyptischen Reich. Im Jahre 27 zerstörte ein Erdbeben den Tempel und beschädigte die aus rosa Sandstein bestehenden Kolosse, die immer noch die Höhe eines sechstöckigen Hauses haben. Nach dieser Katastrophe glaubte man, eine der Statuen morgens immer wimmern zu hören. Als die Römer nach Theben kamen und das Wimmern hörten, hielten sie die verstümmelte Statue für den griechischen Helden Memnons, den Sohn der Aurora, der seine Mutter bei Sonnenaufgang begrüßte. In Wirklichkeit säuselte der Wind in einem Riß der Figur. Die Instandsetzung der Steinriesen machte dem Wunder ein Ende, aber der Name blieb.

Die Sphinx von Giseh 164

Vor den großen Pyramiden von Giseh, mitten in den unbewohnten sandigen Weiten der ägyptischen Wüste, wacht die Statue einer kauernden Sphinx von ungewöhnlicher Größe.

Eine Sphinx ähnelt einem sitzenden oder liegenden Löwen, doch hat sie meist einen Menschenkopf, der den zeitgenössischen König darstellt. Die bekannteste und eindrucksvollste Sphinx ist die von Giseh. Trotz der Korrosion des Sandes, der fünftausend Jahre währenden Alterung der Kanonenkugel, die ein fanatischer muselmanischer Emir darauf abfeuern ließ, richtet sie den Blick unverwandt nach Osten und wartet, daß der Sonnengott Ra sich erhebe. Die Figur ist vierundsiebzig Meter lang und zwanzig Meter hoch und wurde direkt aus dem Fels gemeißelt. Zwischen den Vorderpfoten ist ein Opferaltar errichtet. Die Sphinx trug einst einen Bart, doch den fand man abgebrochen im Sand. Er wurde mit anderen alten Steinen in das British Museum nach London gebracht.

Die Tempel Abu-Simbel 165

Am Rande der nubischen Wüste hatte Ramses II., Pharao des Neuägyptischen Reiches, am linken Ufer des Nil um 1250 v. Chr. in den rosa Sandstein des Berges Abu Simbel zwei heilige Stätten meißeln lassen.

Die Felsentempel von Abu Simbel sind berühmt — zunächst deshalb, weil sie eindrucksvolle Zeugen der einstigen Größe Ägyptens sind, aber auch, weil sie als Opfer der modernen Zivilisation fast von den Wassern des Nil überspült worden wären. Der Bau des Staudammes von Sadd al-Ali (Assuan) hatte das alte Kulturdenkmal Nubiens zum Untergang verdammt. Von der UNESCO alarmiert, haben die Großmächte sich zur Rettung Abu Simbels zusammengefunden. Der große Tempel wurde zerteilt, demontiert, abtransportiert und außer Reichweite des Wassers wieder aufgebaut. Wenn man bedenkt, daß das Bauwerk an seiner Fassade vier Statuen des Ramses von 33 m Höhe aufwies und eine Tiefe von 63 m hatte, begreift man die Arbeit, die da geleistet wurde!

Die Kronjuwelen 166

Die Juwelen der Königsfamilie von England, Kronen, Diademe und Szepter, ruhen hinter Glas in einem Museum, das im Londoner Tower eingerichtet wurde.

Unter den Schätzen, die den bewundernden Blicken der Besucher dargeboten werden, ist das schönste Stück ohne Zweifel die Staatskrone, die zur Krönung Elisabeths II. angefertigt wurde und eine Nachbildung der 1838 für die Krönung Königin Victorias geschaffenen Krone ist. Sie trägt tausend Diamanten, Saphire und andere kostbare Steine aller Größen, unter denen sich der riesige Rubin des Schwarzen Prinzen (im 14. Jahrhundert geschliffen) und der Diamant „Stern Afrikas", aus dem „Kullinan", dem größten Diamanten der Welt, gewonnen, befinden. Die Türhüter im Tower, deren Uniform aus dem 16. Jahrhundert stammt, bewachen mißtrauisch die unschätzbar wertvollen Kronjuwelen. Leider sind einige Stücke unter Cromwell verschwunden.

Die Büste der Nofretete 167

Königin Nofretete, Gattin des Pharaos Amenophis IV Akhenaton, lebte im 14. Jahrhundert v. Chr. Eine farbige Büste im Museum zu Berlin stellt sie dar, wie sie vor vierunddreißig Jahrhunderten aussah!

Die Berühmtheit der ägyptischen Königin Nofretete rührt vor allem daher, daß man von ihr ein genaues, realistisches Bild besitzt: eine sehr geschickt bemalte Statue aus weißem Kalkstein. So ist uns die Schönheit einer Frau über die Jahrhunderte überliefert worden, und ihr farbiges Porträt macht sie uns vertraut. Die Ähnlichkeit dieser bei Tell al-Amarna gefundenen Statue mit ihrem Modell beweist eine andere, aus Quarz gemeißelte Büste der Nofretete, die im Museum von Kairo sorgsam gehütet wird. Sie hat das gleiche klare Profil, den gleichen ausdrucksvollen Blick, den gleichen entschlossenen Mund und den gleichen langen schmalen Hals. Diese vollkommene Skulptur ist ein Meisterwerk realistischer Darstellungskunst.

Der Schatz des Tut-ench-Amun 168

Vor allen anderen ist der ägyptische Pharao Tut-ench-Amun berühmt geworden: Er ist der einzige, dessen Grabstätte unversehrt gefunden wurde. Sie enthielt einen bedeutenden, herrlichen Schatz, der heute im Museum von Kairo aufbewahrt wird.

Tut-ench-Amun, der um 1350 v. Chr. mit neun Jahren Pharao wurde, starb mit achtzehn Jahren. Im Tal der Könige fand Howard Carter 1922 seine unberührte Grabstätte. Sie enthielt den aus drei Särgen (Holz, Holz mit Goldverbrämung und Gold) bestehenden königlichen Sarkophag. Die Mumie des Königs, deren Gesicht mit einer goldenen Maske bedeckt war, ruhte im dritten Sarg. In einer kleinen Nebenkammer häufte sich der Schatz: goldene Statuen, reich geschmückte Truhen, ein Thron, Geld, Juwelen. Diese Entdeckung ermöglichte es den Archäologen, viele Einzelheiten der ägyptischen Zivilisation zu erforschen, indem sie die Hieroglyphen entzifferten und die Fresken, Reliefs, Skulpturen und Verzierungen des Grabes studierten.

Der Wagenlenker von Delphi 169

Im Museum von Delphi, einem bedeutenden Ort der griechischen Antike, steht eine altertümliche und vollkommen erhaltene Bronzestatue. Sie stellt einen Wagenlenker dar, wie man ihn damals bei Wettkämpfen sehen konnte.

Bei Ausgrabungsarbeiten in den Ruinen der heiligen Stätten von Delphi haben die Archäologen die Reste einer bronzenen Quadriga gefunden. Eine Quadriga ist ein mit vier Pferden bespannter und von einem Wagenlenker gesteuerter Wagen. Der lebensgroß nachgebildete, aufrecht stehende Mann hält mit wachsamem Blick die Zügelreste seiner (nur teilweise wiedergefundenen) Pferde in der Hand. Um seinen Kopf liegt ein Stirnband, und seine Augen sind aus farbigen Steinen. Diese Quadriga, ein Meisterwerk der antiken Bildhauerkunst, wurde 474 v. Chr. von Pythagoras von Samos zur Verherrlichung des Sieges für ein Wagenrennen des griechischen Fürsten von Sizilien, Polyzalos geschaffen.

Der Diskuswerfer des Myron 170

Diese Bronzestatue wurde um 450 v. Chr. von dem griechischen Bildhauer Myron geschaffen. Eine Nachbildung in Marmor steht in einem Museum in Rom.

Myron war ein griechischer Meister der Bronzeskulptur. Als Schöpfer von zahlreichen Diskuswerfer-Statuen, die der griechischen Bildhauerkunst wichtige Impulse gaben, hat er den Augenblick festgehalten, in dem der Athlet in einer unstabilen Gleichgewichtslage erstarrt, um sich gleich darauf zu entspannen und seine Scheibe zu werfen. Dieses Ansammeln der Schwungkraft zeichnet sich ab in der Anspannung aller Muskeln. Es hat den Anschein, als hielte der Diskuswerfer in seiner Bewegung inne, um seine Kräfte noch mehr zu konzentrieren. Mag Myron sich auch als aufmerksamer und genauer Beobachter des menschlichen Körpers erwiesen haben, so gab es andererseits seiner Statue ein unpersönliches, kaltes Gesicht. Leider ist uns das Original dieser Figur nicht mehr erhalten.

Die Venus von Milo 171

Im Louvre, einem Museum in Paris, ist einem unbestrittenen Meisterwerk aller Zeiten ein Ehrenplatz zuteil geworden: der Venus von Milo, einer antiken griechischen Skulptur.

Sie wurde 1820 auf Melos (oder Milo), einer Insel der Kykladengruppe, von einem griechischen Bauern entdeckt, der sein Feld bearbeitete. Damals erhielt sie den Namen Venus von Milo. Sie erscheint uns sehr schön, wenn auch ihre abgeschlagenen Arme verschwunden sind und man nicht weiß, welche Stellung sie gehabt haben mögen. Nach Versuchen, die Arme zu rekonstruieren, ist man schließlich zu der Überzeugung gekommen, daß die Venus von Milo so viel schöner ist. Möglicherweise ist diese Statue, die aus dem 2. Jahrhundert v. Chr. stammt, die Kopie eines Werkes des großen Bildhauers Praxiteles. 1821 wurde sie von der französischen Botschaft in Konstantinopel gekauft und Ludwig XVIII. zum Geschenk gemacht.

Die Nike von Samothrake 172

Auch die Siegesgöttin von Samothrake, eine berühmte griechische Statue, steht im Louvre. Seit mehr als zwanzig Jahrhunderten hält sie ihre zarten steinernen Flügel ausgebreitet.

Oft haben griechische Bildhauer die Siegesgöttin dargestellt, die die Kämpfenden zum Ruhm führt. Die 1883 auf der Insel Samothrake entdeckte Statue stand einst in einem Heiligtum zur Erinnerung an einen Sieg der Flotte der Insel Rhodos. Der unbekannte Künstler verkörperte den Sieg durch eine geflügelte Gestalt, die auf dem Bug eines Schiffes postiert war und die Flotte ihrem Triumph entgegenführte. Der Wind preßt ihr die Falten einer weitfallenden Tunika gegen den Leib, aber die ausgebreiteten Flügel sichern ihr Gleichgewicht. Trotz zahlreicher Beschädigungen, die ihr die Zeit und die Menschen zugefügt haben, erweckt die Siegesgöttin von Samothrake immer noch Bewunderung.

Das Stundenbuch „Tres Riches Heures" 173

Das Museum Condé im Schloß von Chantilly nicht weit von Paris besitzt in den „Stundenbüchern" die schönsten Ausmalungen des Mittelalters.

Die „Stundenbücher", Gebetsbreviere zum privaten Gebrauch, enthalten Andachtstexte, die man zu den verschiedenen Stunden des Tages verwandte. Diese handgeschriebenen Bücher sind manchmal mit bunten Zeichnungen oder Ausmalungen ausgestattet, und die Stundenbücher namhafter Persönlichkeiten sind oft berühmte Kunstwerke. Der Herzog von Berry besaß Breviere, die sich „Petites Heures", „Grandes Heures" (1409 entstanden), „Très Belles Heures" und Très Riches Heures" (1416–1480) nannten. Die darin enthaltenen Zeichnungen gehen auf die Brüder Pol, Hennequin und Hermann de Limbourg zurück, die zusammen mit dem Maler Jean Fouquet als die unbestrittenen Meister der Ausmalung angesehen werden.

Die Gioconda von da Vinci 174

Das Museum des Louvre in Paris, in einer ehemaligen Königsresidenz eingerichtet, enthält neben anderen herrlichen Kunstwerken auch das Bild der Gioconda von Leonardo da Vinci.

Dieses sehr kleine Bild des großen italienischen Malers zieht immer wieder viele Betrachter an und wurde für den Transport nach Japan, wo man es einem zahlreichen, höchst interessierten Publikum präsentierte, auf beachtliche Summen versichert. Das Bild mißt nur 77 auf 53 Zentimeter, und man vermutet, daß es zwischen 1503 und 1506 gemalt wurde. Die dargestellte Frau ist vermutlich Mona Lisa Gherardini, die Gattin des florentinischen Kaufmannes Francesco del Giocondo. Die Gioconda war vierundzwanzig Jahre alt, als Leonardo da Vinci ihr rätselhaftes Lächeln und ihren sanften, geheimnisvollen Blick verewigte. 1911 wurde das unschätzbare Werk aus dem Louvre gestohlen. Es wurde wiedergefunden und nach einer leichten, unsichtbaren Restaurierung 1913 wieder im Museum ausgestellt.

Der Daibutsu von Kamakura 175

Kamakura ist eine berühmte Stadt in Japan auf der Insel Hondo und war eine Hauptstadt des Archipels. In ihr gibt es eine riesige Bronzestatue eines sitzenden Buddha aus dem 8. Jahrhundert.

Schakjamuni, ein Weiser aus dem Hindugeschlecht der Sakja, nannte sich auch Gautama. Wegen seiner Weisheit nannte man ihn den „Buddha", d. h. „der Erwachte, der Erleuchtete". Er war der Begründer der buddhistischen Religion. Man stellt ihn als eine nach orientalischer Art sitzende Gestalt dar, gehüllt in einen faltenreichen Mönchsmantel, der manchmal eine, manchmal beide Schultern bedeckt. Der Daibutsu (oder Großer Buddha) von Kamakura ist 14 Meter hoch. Diese Statue wurde 1252 aus Bronze gegossen, was in der damaligen Zeit eine erstaunliche technische Leistung war. Viele Pilger kommen zu der Figur und bringen Gaben dar: Blumen, Gewänder, Schmuck, Gebete und Musik.

Der Garten der 15 Steine 176

Kyoto, zweitgrößte Stadt Japans, ist berühmt für seine meisterhaften Kunstwerke, die es beherbergt. Der Garten der fünfzehn Steine des Tempels Ryoanji stellt ein eigenartiges Zeugnis traditionsgebundener Kunst dar.

Die Japaner sind Meister in der Gartengestaltung. Oft auf beschränktem Raum wissen sie natürliche Landschaften von erstaunlicher Vollkommenheit zu schaffen. Nach ihrer Meinung muß die Natur den Einflüssen der modernen Welt widerstehen. Mit einem sicheren Sinn für Formen und Linien wissen die japanischen Landschaftsgestalter auch Meisterwerke extremer Sachlichkeit zu schaffen. So ist der Garten der 15 Steine eine einfache, rechteckige Sandfläche, die an den Ozeanen und seine Inseln erinnert. Parallel verlaufende Strichelungen deuten die Wellen an, die die Felsen umspülen oder sich bis ins Unendliche fortsetzen. Diese vollkommene abstrakte Schönheit versetzt die Besucher in stumme Betrachtung.

Der liegende Buddha 177

Auf der blütenreichen Insel Ceylon, südlich der indischen Halbinsel, zieht eine riesige in den Fels gemeißelte Statue des sterbenden Buddha Pilger und Besucher an.

Buddha-Statuen in Stein oder Bronze gibt es auf Ceylon im Überfluß. Aber die beiden Riesenstatuen von Polannaruwa nehmen sowohl wegen ihrer Größe als auch ihrer Eigenart eine Sonderstellung ein. In den Felsen gemeißelt, stellen sie den auf der rechten Seite liegenden, sterbenden Buddha und seinen Lieblingsschüler Ananda dar, der nahe bei ihm steht, mit über der Brust gekreuzten Armen und undurchdringlichem Gesichtsausdruck. Die Gruppe ist von einer ergreifenden schlichten Schönheit. Auch andere Riesenstatuen des großen indischen Philosophen wurden berühmt, wie etwa der 53 m hohe in den Felsen gemeißelte Buddha von Bamiyan in Afghanistan.

Der Petersdom 178

Michelangelo war nicht nur ein vielseitiger Künstler und Gelehrter, sondern auch ein großer Architekt. Wir verdanken ihm die höchste jemals gebaute Domkuppel auf dem St.-Peters-Dom in Rom.

Der Papst Nikolas V. wollte die alte Basilika, in der Karl der Große zum Kaiser gekrönt worden war, durch einen größeren Bau mit einer imposanten Kuppel ersetzen lassen. Diese Kuppel des um 1450 erbauten Doms ist 132 m hoch und ruht auf einer kreisförmigen Basis von 42 m Durchmesser. Sie besteht aus sechzehn spitzbogenförmigen Kreuzschiffen, die von einem durch leichte Doppelsäulen durchbrochenen Oberlicht überragt werden. Die Basis, ein von sechzehn Fenstern durchbrochener Rundbau, ist verziert mit sechzehn Doppelsäulen, die denen des Oberlichts ähneln. Das Innere der Kuppel ist mit Mosaiken ausgelegt und trägt eine kreisförmige Inschrift, deren Buchstaben fast zwei Meter hoch sind. Im Petersdom zu Rom sind Schönheit und Größe mit religiöser Inbrunst vereint.

Die Eiserne Krone 179

Im Dom von Monza in Italien wird eine Kaiserkrone aufbewahrt, die die „Eiserne Krone" heißt. Zahlreiche europäische Kaiser wie Karl der Große, Karl V. und Napoleon I. haben sie getragen.

Das Symbol der Krönung sichert dem Herrscher die Autorität. Jeder Monarch hat die Goldkrone seines Königreichs getragen. Die Eiserne Krone allerdings saß auf den Häuptern europäischer Fürsten von verschiedener Nationalität. Der Legende nach ist in dem Reif einer der Nägel verarbeitet, mit denen Christus ans Kreuz geschlagen wurde, so daß sie trotz ihres Alters nie Rost angesetzt habe. Konstantin, römischer Kaiser in Byzanz, hat diese einfache Krone getragen, die seitdem mit sechs Goldauflagen und ungeschliffenen kostbaren Steinen, mit Rosen aus zisieliertem Gold und farbigem Email versehen wurde. Deutsche und österreichische Kaiser wie Barbarossa und Maximilian wurden damit gekrönt.

Der Wandteppich von Bayeux 180

Das Museum von Bayeux in der Normandie zieht jedes Jahr Tausende von Besuchern an: Es gibt dort ein ungewöhnliches gesticktes Dokument über die Eroberung Englands durch die Normannen.

Man nennt ihn den Wandteppich der Königin Mathilde. Dieser Wandteppich ist ein 70,35 m langes und 50 Zentimeter breites Stück Stoff, auf dem in farbiger Nadelstickerei 58 Szenen von der Besetzung Englands durch Wilhelm dem Eroberer dargestellt sind. Diese Stickerei ist der vollkommenste Vorläufer aller Wandteppiche und zugleich ein realistischer, mit viel Geduld erstellter Ereignisbericht: Man sieht Soldaten, Ritter und Seeleute beim Kampf zu Lande und zu Wasser. Der Wandteppich von Bayeux wurde 1077 im Auftrag des Bischofs Eudes (oder Odon) nicht von der Königin Mathilde, sondern von Handwerkern aus Cantorbéry hergestellt und sollte die Kathedrale von Bayeux schmücken.

Der Cherub von Khorsabad 181

Die Assyrer haben die Pforten ihrer Paläste oft mit originellen Skulpturen geschmückt. Der Cherub oder geflügelte Stier von Khorsabad, der den Palast von Dour-Sharroukin zierte, ist im Pariser Louvre-Museum zu sehen.

An der Pforte des Palastes von Sargon II., acht Jahrhunderte v. Chr. erbaut, wachten zwei geflügelte Stiere mit Menschenköpfen und Löwenschweifen. Die Assyrer, ein Volk, das im Gebiet des heutigen Irak lebte, glaubten, daß der bloße Anblick der Kraft dieser phantastischen Ungeheuer böse Geister abschrecken und fernhalten müsse. Die geflügelten Stiere haben fünf Beine — nicht, um Angst einzuflößen, sondern weil man so zwei Beine von vorn und vier im Profil sieht. Diese Skulpturen sind in Alabaster, einem weichen und durchscheinenden Kalkgestein, gemeißelt, das im Laufe der Zeit einen schönen Glanz bekommt. Die Hebräer haben später die Cherubim nachgeahmt.

Ein Berg trägt Gesichter 182

In Süddakota in den USA haben zwei Männer den Gipfel eines kleinen Berges geduldig bearbeitet und so ein gigantisches bildhauerisches Denkmal geschaffen.

Die Black Hills, die bereits durch ihre Gold- und Silberminen bekannt waren, wurden durch den Bildhauer Gutzon Borghum und seinen Sohn berühmt. Die beiden Männer vollendeten von 1936 bis 1942 ein Werk, das für würdig befunden wird, mit der großen Sphinx Ägyptens verglichen zu werden. An einem Hang des Berges Rushmore schufen sie durch Sprengungen und Arbeit mit dem Meißel riesige Bilder von je 18 bis 20 m Höhe, die vier amerikanische Präsidenten darstellen. Von links nach rechts: Georges Washington, Thomas Jefferson, Theodor Roosevelt und Abraham Lincoln. Die unter tausend Schwierigkeiten in den unverwüstlichen Granit gehauenen Büsten sind schon aus der Ferne zu sehen.

Der Denker von Rodin 183

Unter den gegen Ende des vorigen Jahrhunderts entstandenen Kunstwerken kann man in Paris die Bronzestatue eines sitzenden, in tiefe Meditation versunkenen nackten Mannes bewundern.

Zwischen 1906 und 1922 konnten die Pariser die berühmte Statue Rodins vor dem Säulengang des Pantheons bewundern. Der Denker war von Rodin, der ihn zur Krönung eines unter der Bezeichnung „Die Pforten zur Hölle" bekannten Meisterwerks bestimmt hatte, zunächst „Der Dichter" getauft worden. Obwohl in seiner Konzeption und Form 1880 fertiggestellt, wurde er erst 1888 der Öffentlichkeit präsentiert und in seinen jetzigen Maßen erst zur Ausstellung 1904 verwirklicht. Er ist 2 Meter hoch und hat eine Grundfläche von 1,30 auf 1,40 m. Von allen Werken Rodins ist „Der Denker" das bekannteste. Eine kleinere Ausgabe in Bronze schmückt das Grab des Bildhauers auf dem Friedhof von Meudon.

Der Moses des Michelangelo 184

Das Grabmal des Papstes Julius II. in Rom kann sich einer monumentalen Skulptur aus Marmor rühmen: des sitzenden Moses von Michelangelo.

Moses, der den Menschen die auf Gesetzestafeln niedergeschriebenen „Gebote Gottes" übermittelte, ist eine der großen religiösen Gestalten der Geschichte Israels geblieben. Der Moses des Michelangelo hat einen langen Bart und trägt unter dem rechten Arm die vom Berg Sinai mitgebrachten Tafeln. Sein Gesicht, das die Züge des Papstes Julius II. trägt, drückt ungewöhnliche Energie und Entschlossenheit aus. Es heißt, Michelangelo sei in die Steinbrüche von Carrara gefahren, um selbst den makellosen Marmor für die Statue auszusuchen, und er habe acht Monate gebraucht, um alle anderen Steine für das Mausoleum Julius II. zusammenzustellen. Für ein so unsterbliches Werk lohnte es sich wohl, wählerisch zu sein.

Die Uhr am Straßburger Münster 185

Die astronomische Uhr des Straßburger Münsters verfügt über einen sehr komplizierten Mechanismus, der verschiedene Figuren, die Symbole der Zeit darstellen, bewegt. Man kann ihr Funktionieren täglich, besonders aber mittags, verfolgen.

Diese astronomische Uhr gibt die mittlere Zeit, die Ortszeit und die Sternzeit an. Sie bezeichnet die beweglichen religiösen Feste und nennt die Stunde des Auf- und Untergangs von Mond und Sonne. Sie vermeldet Sonnenfinsternisse, die Mondphasen und die Position der großen Planeten. Ein genialer Mechanismus setzt zahlreiche Figuren in Bewegung: Die vier Alter des Lebens schlagen die Viertelstunden, der Tod die volle Stunde. Um zwölf Uhr mittags verbeugen sich die zwölf Apostel vor dem segnenden Christus. Danach kräht dreimal ein mit den Flügeln schlagender Hahn. Das in den Jahren 1838 bis 1842 vervollkommnete Uhrwerk stammt aus dem Jahr 1571 und ersetzte damals eine erste astronomische Uhr, die um 1350 installiert worden war.

Der Kalvarienberg von Plougastel 186

Nicht weit vom Hafen Brest in der Bretagne liegt der aus Granit bestehende Kalvarienberg von Plougastel-Daoulas. Er ist das schönste Beispiel für religiöse Bildhauerkunst in Frankreich.

Unter den zahlreichen Kalvarienbergen der Bretagne sind viele bedeutende Denkmäler der Bildhauerkunst. Auf dem von Plougastel berichten 171 Figuren in zum Teil naiven Bildern von Episoden aus dem Leben Jesu. Das graue, dunkel angelaufene und stellenweise von Flechten überwucherte Gestein erweckt einen ehrwürdigen Eindruck. Leider hat das Monument wegen seiner engen Nachbarschaft zur Hafeneinfahrt und Reede von Brest bei den Kämpfen von 1944 stark gelitten, so daß dieses zur Erinnerung an die Pest-Epidemie von 1598 in den Jahren 1602–1604 errichtete Bauwerk renoviert werden mußte.

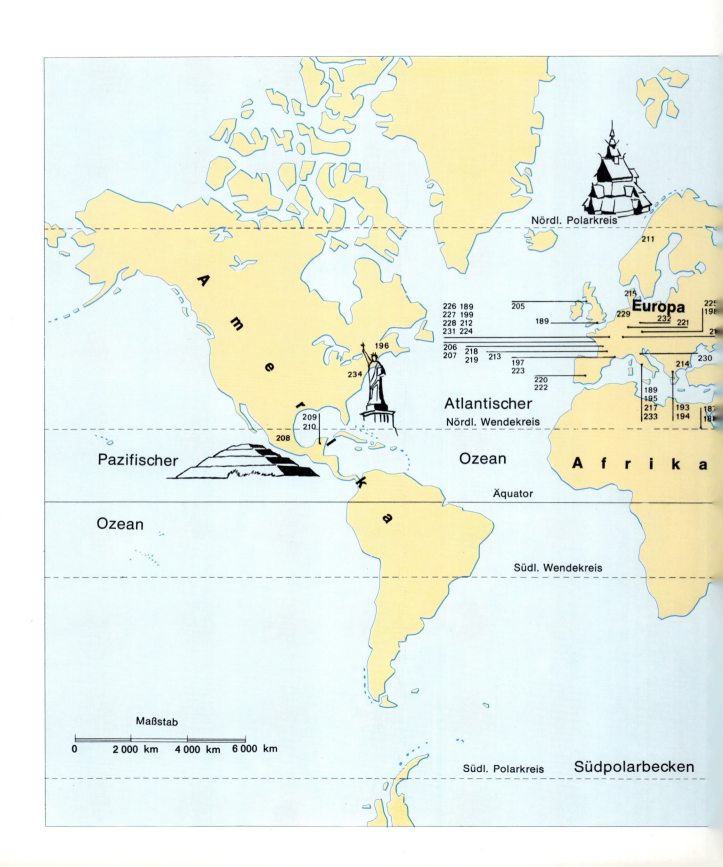

Große Baudenkmäler

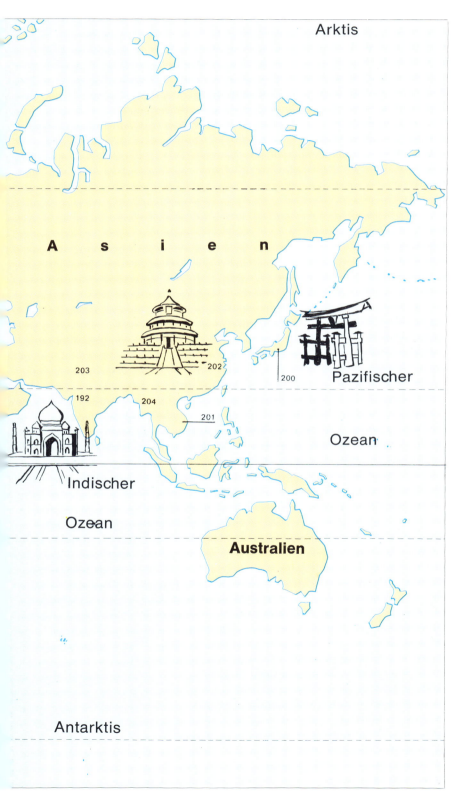

Der Mensch ist ein Baumeister. Mit Steinen und Zement schreibt er Weltgeschichte. Seine Werke, vom nüchternsten bis zum großartigsten, vom künstlerischsten bis zum rein praktischen, sollen scheinbar der Zeit trotzen. Dann schwinden sie im Laufe der Jahre dahin, werden bald von anderen ersetzt, die ebenso wertvoll und ebenso vergänglich sind ... Die bewegende Schönheit mancher Ruinen siegt sehr oft über die Pracht eines baulichen Monuments, das sich im Glanz seiner Neuheit darbietet.

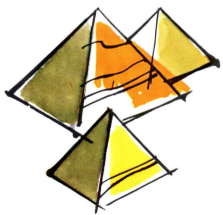

Die Pyramiden von Giseh 187

Die ägyptischen Pyramiden wurden gebaut, um die Grabstätten bestimmter Pharaonen aufzunehmen, zu schützen und zu verbergen. Die drei berühmtesten stehen auf der Ebene von Giseh nahe bei Kairo in Unterägypten.

Die drei Pyramiden wurden auf Befehl der Pharaonen Cheops, Chefren und Mykerinos gebaut. Die des Cheops wurde schon im Altertum als eines der sieben Weltwunder betrachtet. Man brauchte dreißig Jahre und hunderttausend alle drei Monate neu aufgebotene Sklaven, um diesen 146 m hohen Berg aus Stein zu errichten, dessen quadratische Grundfläche eine Seitenlänge von 233 m hat. Das Gesamtgewicht beträgt fast sechs Millionen Tonnen und umfaßt 2 300 000 Steinblöcke, von denen einige zwischen zehn und fünfzehn Tonnen wiegen. Außer den Gängen, die zu den Grabkammern führten, enthält die Pyramide auch Irrwege, die Tempelschänder in die falsche Richtung leiten sollten.

Die Tempel von Karnak 188

Die an der einstigen Stätte Thebens, der alten ägyptischen Hauptstadt, errichteten Tempel von Karnak stellen die weitläufigste religiöse Anlage dar, die von den Pharaonen gebaut und ständig vergrößert wurde.

Wenn man von Luxor kommt, nähert man sich den Tempeln von Karnak über eine plattenbelegte Straße von zwei Kilometern Länge, die von tausend Statuen, die Widder und geduckt liegende Sphinxen darstellen, gesäumt ist. Zehn Meter dicke Ziegelmauern bilden eine 2 400 m lange Umwallung, in deren Innerem die religiösen Bauwerke stehen: riesige Statuen aus rotem Sandstein, Säulenhallen, Obelisken, ein heiliger See, weitläufige Höfe, die Barke des Gottes Amon, ein monumentaler Siegelstein mit dem Käferbild ... Inmitten dieser Ruinen erinnert alles an die Größe Ägyptens während des Neuen Reiches, das etwa fünfzehnhundert Jahre vor Christi Geburt bestand.

Die ägyptischen Obelisken 189

In Paris, Rom und London stehen diese gewaltigen Steinsäulen, wie sie die Pharaonen, Könige und zugleich Götter im alten Ägypten, paarweise vor den Eingängen ihrer Tempel errichten ließen.

Zweifellos sollte eine solche in den Himmel aufragende Steinsäule einen Sonnenstrahl symbolisieren. Auf den Seitenflächen waren in Hieroglyphen Lobeshymnen auf die Persönlichkeit eingraviert, der der Obelisk gewidmet war. Die pyramidenförmige Spitze war manchmal mit Gold überzogen. Ein Obelisk, der in einem Stück aus dem Stein gehauen wurde, wiegt zwischen hundert und fünfhundert Tonnen. Solche Massen zu transportieren und aufzustellen, ist ein kühnes Unternehmen. Wenn man bedenkt, welche Schwierigkeiten es gab, als man 1836 in Paris den Obelisken von Luxor aufstellte, der nur 23 Meter hoch ist und nicht mehr als 230 Tonnen wiegt, fragt man sich, wie die Pharaonen denjenigen aufzustellen gedachten, den man bei Assuan unvollendet fand — 42 m hoch und mehr als 400 Tonnen schwer!

Der Tempel Salomos 190

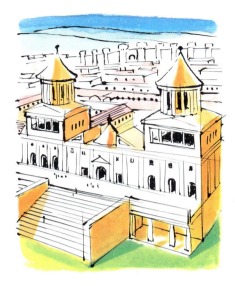

Salomo, König von Israel und Sohn König Davids, ließ um 950 v. Chr. Chr. in Jerusalem eines der majestätischsten Bauwerke des Altertums errichten: den Tempel, der 587 v. Chr. vom babylonischen König Nebukadnezar zerstört wurde.

Nach Entwurf und Architektur war dieses Bauwerk in der israelitischen Hauptstadt von majestätischer Pracht. Architekten vom Stamm der Philister leiteten die Arbeiten, die sieben Jahre dauerten und eine große Zahl von Arbeitskräften verlangten. Die steinernen Mauern im Inneren waren mit Schnitzwerk aus Zedernholz verziert. Das Volk hatte Zutritt zu der Weihestätte, aber nur die Priester durften das Allerheiligste betreten, in dem die heiligen Gegenstände aufbewahrt waren. Um die Zerstörung des Tempels und Jerusalems zu beklagen, kommen die Israelis an die Klagemauer, dem einzigen Rest des 20 v. Chr. von Herodes erbauten Tempels, der ohne Zweifel zum Teil aus Steinen des salomonischen Tempels bestand.

Das Grab des Darius 191

Persepolis, eine der alten Hauptstädte Persiens, lag im heutigen Iran nördlich des Persischen Golfes. Nicht weit davon liegen in der Flanke eines Berges die Grabstätten persischer Könige.

Das größte aller persischen Königsgräber ist das Grab Darius' I., der von seinem Volk auch König der Könige genannt wurde. Das Grab wurde in den Fels geschlagen und verbirgt sich hinter einer großartigen, kreuzförmigen Fassade. Vier angedeutete Säulen umgeben den Grabeingang und stützen einen Löwenfries, über dem achtundzwanzig Riesen den Königsthron tragen. Jeder dieser Riesen stellt eine der Provinzen des Königreichs dar und symbolisiert die Herrschergewalt des Darius. Eine bedeutende Anzahl von Wandreliefs an allen Gräbern ermöglicht es uns, das Leben und die Sitten eines Volkes zu rekonstruieren, dessen Geschichte bis neun Jahrhunderte vor Christi Geburt zurückreicht.

Die Höhlen von Ajanta 192

Die aus Basaltgestein bestehende Bergkette von Ajanta liegt in Indien, nordöstlich von Bombay. Es gibt dort 29 in den Fels gegrabene Höhlen, die buddhistische Mönche geschaffen haben.

Diese Höhlen sind buddhistische Mönchsbehausungen, die in der Zeit vom 2. Jahrhundert v. Chr. bis in das 6. Jahrhundert unserer christlichen Zeitrechnung entstanden. Vom Sand zugeweht, waren diese Grotten in Vergessenheit geraten, so daß ihnen Plünderung und Zerstörung erspart blieben. Man erreicht sie auf einem in den Fels geschlagenen Pfad. Jede Höhle hat mit herrlichen Reliefs geschmückte Wände. Aus dem Stein gehauene Pfeiler und Säulen tragen die schön gearbeiteten Deckengewölbe. Wandgemälde stellen Szenen aus dem täglichen Leben und aus Kriegen sowie den Religionsstifter Buddha selbst dar. In der Nähe liegen die zweiunddreißig Grotten von Ellora; sie sind in Form eines Tempels angelegt und gehören zu den schönsten Zeugnissen indischer Bildhauerkunst, die noch völlig erhalten sind.

Der Parthenon-Tempel 193

Inmitten der Akropolis, oberhalb von Athen gelegen, erhebt sich der Parthenon, ein Meisterwerk griechischer Architektur.

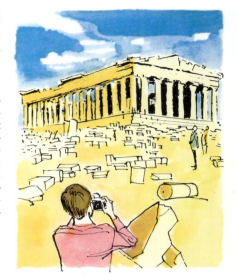

Athene war die griechische Göttin der Weisheit. Die Stadt Athen ließ ihr zu Ehren viele Denkmäler und Statuen errichten. Über der Stadt ragt der Parthenon mit seiner weißen, schimmernden Marmorsilhouette empor. Hohe Säulen trugen das Dach, und die beiden dreieckigen Giebel und schützten den geheiligten Innenraum, in dem eine zwölf Meter hohe, von Phidias geschaffene Statue der Göttin stand. Der Parthenon-Tempel hat den verschiedensten Bestimmungen gedient: Er war byzantinische Kirche, Kathedrale, Moschee mit einem Minarett neben sich und schließlich sogar — Pulvermagazin! Er wurde durch eine Explosion und ein Erdbeben übel zugerichtet und von Sammlern ausgeplündert, ist jetzt aber wieder teilweise restauriert. Ein Juwel des Altertums, das durchaus unter die Weltwunder gezählt werden dürfte!

Das Theater von Epidauros 194

Das antike Theater von Epidauros galt als das schönste in ganz Griechenland. Man kann seine Ruinen am Ufer von Argolis auf dem nordöstlichen Peloponnes bewundern.

Epidauros war durch sein Heiligtum, das dem Aeskulap, dem Gott der Heilkunst, geweiht war, in der Antike in ganz Griechenland berühmt. Das Theater gehörte zu diesem Heiligtum. Man führte dort religiöse und weltliche Stücke auf (sakrale Tänze, Tragödien, Komödien). Wenn die fünfundfünfzig Ränge gefüllt waren, konnten vierzehntausend Zuschauer dem Freilichttheater beiwohnen. Die perfekt berechnete Akustik machte es möglich, daß auch das geflüsterte Wort eines Schauspielers überall verstanden wurde! Dieses 1881 durch Ausgrabung freigelegte Theater ist das am besten erhaltene von allen, die wir kennen.

Das Mausoleum des Hadrian 195

Um für sein Grab und das seiner Nachfolger eine Stätte zu schaffen, ließ der römische Kaiser Hadrian in Rom ein Mausoleum errichten, das auch als Engelsburg bekannt ist.

Dieser Kaiser, der in Schottland den nach ihm benannten Hadrianswall errichten ließ, hinterließ zum Gedenken an sich ein riesiges Mausoleum. Der 195 begonnene Bau ist eine wahre Festung mit einer quadratischen Grundfläche von 84 m Seitenlänge. Sie ruht auf Pfeilern, die man in die Tiberanschwemmungen getrieben hat. Der Rundbau mit einem Durchmesser von 65 m und einer Höhe von 18 m trug einst eine Skulptur, die Hadrian als Lenker einer Quadriga zeigte. Mit seinen Wällen wurde das Mausoleum im Mittelalter zur Festung, erhielt den Namen Engelsburg, wurde dann zur Kaserne, zum Gefängnis, nachdem zuvor es mehreren Päpsten als Residenz gedient hatte. Heute ist es ein Museum, das von einer Bronzestatue des heiligen Michael gekrönt ist.

Das Schloß Frontenac 196

Auf einem Hügel über dem kanadischen Sankt-Lorenz-Strom liegt die Altstadt von Quebec mit ihren Befestigungswällen. Mitten darin ragt das Schloß Frontenac auf.

Das Schloß Frontenac ist ein Symbol für die historische Stadt Quebec. Louis de Frontenac, der vom französischen König 1672 ernannte Generalgouverneur, der dort 1698 starb, war eine der großen Gestalten der kanadischen Geschichte. Von den Franzosen auf Anregung Champlains 1608 gegründet, bewahrt Quebec heute noch die alten Traditionen: Noch immer gibt es in der Altstadt die engen Straßen und steilen Gassen, die Häuser mit den Außentreppen und die Wälle von einst. Als eine Stadt der Verwaltung, der Religion und des Geisteslebens ist Quebec immer noch geprägt von der Erinnerung an die Priester, Soldaten und Siedler, die um die Erhaltung der französischen Sprache und Kultur kämpfen, ist aber zugleich auch eine moderne Stadt.

Die Arenen von Nîmes 197

Viele Städte im Süden Frankreichs haben Überbleibsel aus der römisch-gallischen Zeit aufzuweisen. Die im 1. Jahrhundert v. Chr. entstandenen Arenen von Nîmes faßten 20 000 Zuschauer.

Auf der Innenfläche dieses großartigen, sehr gut erhaltenen Kulturdenkmals finden heute Stierkämpfe oder Festivals für Musik und Tanz statt. Die Zuschauer sitzen auf denselben Plätzen, von denen aus einst Tausende von Galliern und Römern den Zirkusdarbietungen Beifall spendeten. Die Arena ist eine Ellipse von 133 auf 101 Meter. Von außen sieht man zwei übereinanderliegende Zuschauerränge; der dritte ist teilweise zerstört. Über innen gelegene Gänge und zahlreiche Treppen erreicht man die fünfunddreißig Sitzreihen. Im 5. Jahrhundert wurden die Arenen zur Festung. 737 steckte Karl Martel sie in Brand, um die Araberbesatzung zu vertreiben, die sich hinter die dicken antiken Wälle geflüchtet hatte. Das Holz verbrannte, aber das alte Gestein hielt stand.

Der Stephansdom 198

Mitten in der Altstadt von Wien, der Hauptstadt Österreichs, steht eine herrliche Kathedrale, der sogenannte Stephansdom.

Oft zerstört, aber immer wieder völlig restauriert, erhebt sich der berühmte Stephansdom mit seinem 137 m hohen gotischen Turm, übrigens einem der höchsten der Welt, am Ring und blickt über die Stadt hinweg bis weit hinaus auf die Schlachtfelder von Essling und Wagram. Seine Turmspitze diente einst den Soldaten Napoleons als Beobachtungsposten. Das mittlere Portal der Kirche heißt auch „Riesentor", zur Erinnerung an ein mächtiges Schienbein, das man bei den Bauarbeiten in der Erde fand und das lange Zeit über dem Türflügel hing, bis man herausfand, daß der mysteriöse „Riesenmensch" ein prähistorisches Mammut gewesen war! Die innere und äußere Schönheit des Doms wird immer wieder bewundert.

Der Arc de Triomphe 199

Von der Plattform des 50 m über der Place de l'Etoile aufragenden Arc de Triomphe hat man einen der schönsten Ausblicke auf Paris und auf die großartige Avenue Champs-Elysées.

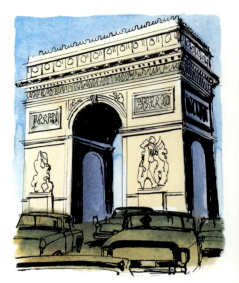

Zwölf große Avenuen gehen strahlenförmig von der Place de l'Etoile aus, einem kreisrunden Platz von 240 m Durchmesser, der für einen Triumphbogen angelegt wurde. Der nach Plänen von Chalgrin auf Befehl Napoleons I. zwischen 1806 und 1836 erbaute Arc de Triomphe symbolisiert den Kriegsruhm Frankreichs. Die Asche von Napoleon und Victor Hugo wurde unter ihm hindurchgetragen, die von Foch, Joffre und anderen wurden dort einen Tag aufgestellt. Ein unbekannter Soldat, ein schlichter, anonymer Held, der im Ersten Weltkrieg für Frankreich starb, ist dort beigesetzt unter einer symbolischen Gedenkflamme, die nie erlischt.

Der Goldene Pavillon 200

In Kioto, einer großen japanischen Stadt auf der Insel Hondo kann man im Garten der Kamelien ein aus dem 14. Jahrhundert stammendes Wohnhaus besichtigen, den Goldenen Pavillon.

Dieses Landhaus eines japanischen Kaisers aus dem 14. Jahrhundert stammt aus der glorreichen Epoche Muromachi. Zu jener Zeit war das Haus völlig vergoldet. Entworfen wurde es von Yoshimitsu als ein luftiger Bau, der allerdings die Gipfel der ringsum stehenden Bäume nicht überragen sollte. Auf quadratischer Grundfläche errichtet, besteht das Haus aus drei Etagen, die aus Trägern und Platten perfekt kombiniert sind: schön geschwungene Dächer, die nach oben kleiner werden, Balkons und Veranden, die sich in einen friedlichen Garten öffnen. Dieser Pavillon ist noch immer beispielhaft für ein japanisches Haus, das seinen Bewohnern Behaglichkeit und völlige Ruhe in der Abgeschiedenheit der Natur bietet.

Der Tempel Angkor Wat 201

Auf der Halbinsel Indochina hatte der üppige Wald Kambodschas einen riesigen Palast der Khmer-Zivilisation überwuchert. Man entdeckte ihn gegen Ende des vorigen Jahrhunderts wieder.

Angkor, das sich über dreihundert Hektar ausdehnte, war eine religiöse Stätte und Hauptstadt des Königreichs der Khmer. Im 12. Jahrhundert ließ König Suryavarman II. als Mausoleum für sich ein großartiges Bauwerk errichten, das man heute im Kampf gegen den zerstörerischen Urwald restauriert und erforscht. Der Tempel besteht aus einer zentralen Pyramide, die von fünf tiaraförmigen Türmen überragt wird, mehreren viereckigen Umwallungen und künstlichen Seen, in denen sich das herrliche Gebäude spiegelt. Alles ist mit einem Überfluß an Skulpturen und Inschriften geschmückt. Die Asparas, steinerne Tänzerinnen, stehen neben mythologischen Darstellungen zu Ehren Wischnus, Schiwas und Brahmas.

Der Tempel des Himmels 202

In der chinesischen Hauptstadt Peking gibt es zahlreiche religiöse Gebäude, wie die Tempel der Erde, des Mondes, der Sonne ... Im Süden der Stadt liegt der größte: der Tempel des Himmels.

Bei den alten Chinesen war die Welt von einer Vielzahl von Göttern und Geistern bevölkert, aber zwei standen über allen: Chang-Ti, Gott des Himmels und Heou-Tou, Gott der Erde. Zu Ehren Chang-Tis ließ Kaiser Yong-Lo 1420 den Tempel des Himmels errichten, den Kien-Long im 18. Jahrhundert restaurierte. Es handelt sich im wesentlichen um einen terrassenförmigen Altar, der zum Himmel offen ist. Jedes Jahr zur Wintersonnenwende brachten die Kaiser hier Chang-Ti Opfer dar, um von ihm die erforderliche Autorität für ihr Herrschertum (oder ihr himmlisches Mandat) zu erhalten und sich den Titel „Sohn des Himmels" zu verdienen.

Das Tadsch Mahal 203

Man betrachtet das Tadsch Mahal als eines der schönsten Grabmonumente der Welt. In imposanter Fülle und doch zart steht es in Agra, einer großen Stadt im Norden Indiens, nicht weit von Delhi.

Dieses Grab aus weißem Marmor wurde 1630 im Auftrag von Schah Jahan erbaut, um die sterbliche Hülle seiner Gattin, Muntaz Mahall, aufzunehmen, die sehr jung gestorben war, wenngleich sie zuvor vierzehn Kinder zur Welt gebracht hatte. Der türkische Architekt, der die Grabstätte schuf, holte Künstler aus aller Welt herbei. Bis zur Vollendung des Baus vergingen zweiundzwanzig Jahre. Beim Eintreten überschreiten die Besucher einen marmornen Vorplatz, der vollständig mit harten und kostbaren Steinen ausgelegt ist. Schah Jahan trug den Titel eines Großmoguls, der allen aus der Mongolei stammenden Kaisern verliehen wurde, die vom 16. bis zum 19. Jahrhundert über Indien herrschten. Auch er wurde in der Krypta dieser Grabstätte beigesetzt, die eher wie der Wohnsitz einer reichen Familie aussieht.

Die Goldene Pagode 204

Burma, ein Staat in Asien, liegt zwischen Ostpakistan und China. In seiner Hauptstadt Rangun ragt die hohe Kuppel der Goldenen Pagode in den Himmel.

Die Shwe-Dagon-Pagode, auch Goldene Pagode genannt, ist ein berühmtes Heiligtum Burmas und die am meisten verehrte unter den zahlreichen Pagoden Ranguns. Man muß wissen, daß in diesem Land jeder Erbauer einer Pagode damit rechnen darf, ins Nirwana zu gelangen und grenzenlosen Belohnung zu empfangen; dann versteht man, warum es eine solche Vielzahl davon gibt, seien sie nun aus vergoldetem Holz wie die von Mandalay, aus Ziegeln, Sandstein oder Lehm wie in Pagan. Die Shwe-Dagon-Pagode allerdings ist aus reinem Gold. Ihre Kuppel ist 113 m hoch und hat am Boden einen Umfang von mehr als 400 m. Da sie vollkommen mit drei Millimeter dicken Goldplättchen bedeckt ist, kann man sich einen Begriff von ihrem Wert machen.

Das Kromlech von Stonehenge   205

„Cromlech", ein bretonisches Wort, bedeutet „Steine, rund aufgebaut". Der bedeutendste dieser prähistorischen „Tempel" ist Stonehenge in England in der Nähe von Salisbury.

Das Kromlech von Stonehenge besteht aus langwürfelförmigen Steinen, die aufgerichtet und im Kreis angeordnet stehen und auf denen eine ununterbrochene Reihe riesiger flacher Steine lag. Die ganze Anlage besteht aus zwei Kreisen, von denen der größere 32 m Durchmesser hat. Im Inneren kann man fünf Gruppen zu je drei Steinen (Trilith) bewundern, die bogenförmig und bis zu 10 m hoch sind und ein beachtliches Gewicht haben. Heute ist nur noch die Hälfte der ganzen Anlage erhalten. Das seltsamste Kromlech in Frankreich findet man in Er Lanic, einem Inselchen im Golf von Morbihan: Es bildet eine Acht, die zum Teil vom Meer überspült wird. Diese Bauten waren zweifellos heidnische Tempel, die der Sonne oder anderen Gestirnen geweiht waren.

Die Druidensteine von Carnac   206

Bestimmte prähistorische Völker gruben riesige, hohe Steine, die sogenannten Druidensteine, in den Boden. Bei Carnac in der Bretagne stehen 2 935 Steine in mehreren Reihen auf einer Strecke von 4 Kilometern.

Es is gewiß, daß die Druidensteine von Carnac nur die Reste einer wesentlich weitreichenderen Anlage sind, die von einer prähistorischen Zivilisation zeugt. Einer bretonischen Legende nach hat ein Heiliger, den Heiden verfolgten, seine Angreifer in Steine verwandelt, um sich vor dem Tod zu retten. Tatsächlich waren diese Steinreihen, die den Sonnenauf- und -untergängen entsprechen, regelrecht ein Kalender eines uralten Sonnenkults. Andere einzelne Druidensteine bezeichnen einfach den Ort einer Quelle, eine Wegkreuzung, ein Grab... Diese wuchtigen Obelisken entstanden etwa 15 bis 20 Jahrhunderte vor Christi Geburt. Einer davon war zum Beispiel 20,30 m hoch und wog 347 Tonnen. Unsere Vorfahren haben ihre Kräfte wahrlich nicht geschont!

Der Tisch der Kaufleute   207

Der Tisch der Kaufleute ist einer der größten Dolmen, die man in der Bretagne besichtigen kann. Er bedeckte eine Totenkammer, die unter Erd- und Steinmassen eines Hünengrabes lag.

Der Tisch der Kaufleute ist einer der seltenen behauenen Dolmen, die wir kennen. Nachdem die Archäologen ihn entdeckt hatten, wurde er zunächst freigelegt, so daß man die lange flache Steinplatte bewundern konnte, die auf ihren Stützen aus aufgerichteten Steinen ruhte. Eine neuerliche Restauration hat die Stützsteine wieder mit Erde umgeben, um sie besser zu erhalten und um den ursprünglichen Anblick des Hünengrabes wiederherzustellen. Nur die steinerne Tischplatte liegt noch flach auf der Oberfläche. Die Besucher betreten die Totenkammer, deren Wände von den Stützsteinen des Tisches gebildet werden. Auf einem davon glaubt man zwischen den Hieroglyphen eine Sonne und eine Kornähre zu erkennen, die vor mehr als fünftausend Jahren eingeritzt worden sein müssen.

Die Sonnenpyramide 208

Im Tal von Mexiko, vierzig Kilometer von der Hauptstadt entfernt, liegt die Stätte von Teotihuacan, dessen Name in der Sprache der Azteken „Ort, wo die Götter wohnen" bedeutet. Dort stehen zwei riesige Pyramiden, die der Sonne und dem Mond geweiht sind.

Teotihuacan war eine breit angelegte Stadt, die zur gleichen Zeit bestand wie das antike Rom. Sein religiöses Zentrum umfaßte zahlreiche Monumente von gigantischen Ausmaßen. Alle waren nach dem gleichen Prinzip gebaut wie die Sonnenpyramide, die auf einem quadratischen Sockel von 225 m Seitenlänge steht (eine Grundfläche also, die kaum kleiner ist als die der Cheops-Pyramide in Ägypten). Einst wurde sie noch von einem Tempel gekrönt. Sie ist 63 m hoch und stellt eine Gesteinsmasse von einer Million Kubikmetern dar! Wie andere Baudenkmäler Teotihuacans lag sie unter einer so dicken Erdschicht begraben, daß sie den spanischen Konquistadoren verborgen blieb. Erst in den Jahren 1905 bis 1910 wurde sie ausgegraben und restauriert.

Der Chac-Mool 209

Auf der Halbinsel Yukatan in Mexiko stellt Chichen Itza die eindruckvollste Ruinenstätte aus der Zeit der Mayas und Tolteken dar. Die Statue Chac-Mools bewacht den Kriegertempel.

Chac-Mool war bei den Mayas und Tolteken Amerikas der Gott des Regens. Sie stellten ihn meist auf dem Rücken liegend, mit aufgestützten Ellbogen und angezogenen Beinen dar. Um die Handgelenke und Fußknöchel trug er Ringe, und seine Haartracht war aus einer Anordnung von Körnern gebildet. Auf die über dem Leib verschränkten Hände legte man die Opferurne, die eines oder mehrere Menschenherzen enthielt... Die Statue am Tempel der Krieger wacht auch über das Stadion, wo die jungen Mayakrieger sich übten und Ballspiele veranstalteten. Es liegt nicht weit vom berühmten Castillo und den anderen Pyramiden, die die Mayas den Gestirnen geweiht hatten.

Das Castillo der Mayas 210

Auf der Halbinsel Yukatan im Süden Mexikos hat die ausgestorbene Stadt Chichen Itza eine große Anzahl von Ruinen aus dem 7. und 8. Jahrhundert aufzuweisen. Die seltsame Pyramide von Kukulkan wird auch „El Castillo" genannt.

Auf der Spitze dieser 60 m hohen Pyramide heben sich die Umrisse eines kleinen Tempels ab, der wie eine befestigte Burg aussieht, was diesem Maya-Bauwerk auch den spanischen Beinamen eintrug. Die Pyramide besteht aus neun aufeinanderfolgenden, nach oben zurückweichenden Etagen. Vier Treppen mit je 91 Stufen führen vom Fuß jeder Seitenkante zum Tempel hinauf. Das sind insgesamt 364 Stufen, zu denen man noch den oberen Aufsatz rechnen muß, den man vor Erreichen der höchsten Plattform ersteigt. Das ergibt insgesamt 365 Stufen, die den 365 Tagen des Jahres entsprechen. Rings um das Castillo erkennt man die Ruinen eines Palastes, eines Observatoriums und mehrerer Tempel.

Die Stavekirkes 211

In Torpo und Borgund in Norwegen, nordwestlich von der Hauptstadt Oslo, findet man die eigenartigen Kirchen der Wikinger, die sogenannten „Stavekirkes".

Unter den zahlreichen Hinterlassenschaften der Wikinger zeugen die Holzkirchen von ihrer Frömmigkeit in der ersten Zeit nach ihrer Bekehrung zum christlichen Glauben. Die Kirche von Torpo, die schöner ist als die von Borgund, wurde wiederhergestellt und steht jetzt in einem Freilichtmuseum in Oslo. Die Kirche von Borgund, aus dem Jahre 1150 stammend und noch völlig erhalten, besteht aus vierkantig zugeschnittenen Baumstämmen, die mit Schindeln bedeckt sind. Mit ihren hochgezogenen Dachfüßen und den geschnitzten Drachenköpfen erinnert sie seltsam an eine Pagode des Fernen Ostens. Innen und außen ist die Kirche reich ausgeschmückt mit Gemälden, mit Skulpturen, die durch ihre Farbigkeit besonders hervortreten.

Notre-Dame in Paris 212

Die Ile de la Cité sah den Ort Lutèce entstehen, aus dem später Paris wurde. Auf dieser Insel steht die Kathedrale Notre-Dame, ein Meisterwerk gotischer Baukunst.

Keine Kirche hat so viele historische Ereignisse miterlebt wie die Kathedrale Notre-Dame in Paris, die darum ihren Beinamen „Pfarrkirche der französischen Geschichte", wohl verdient. Ihr Bau wurde 1163 von Maurice de Sully begonnen. Das große Werk war 1250 vollendet, ganz fertig wurde der Komplex gegen 1350. Die Kirche könnte 9000 Personen aufnehmen, denn sie ist 130 m lang und 48 m breit. Ihre beiden Türme ragen 69 m hoch auf. Im südlichen Turm hängt eine 13 Tonnen schwere Glocke, deren Klöppel 488 Kilo wiegt. Eine 750 Tonnen schwere Turmspitze aus Eichenholz, das mit Blei überzogen ist, wurde 1860 originalgetreu rekonstruiert. Ihr Bronzehahn ragt 90 m über Paris auf. Die Kathedrale enthält kostbare Kunstschätze.

Die Kathedrale aus Ziegeln 213

Am Ufer des Flusses Tarn, nicht weit von Toulouse, besitzt die ganz aus Ziegeln erbaute französische Stadt Albi eine ebenfalls aus rosa Ziegeln errichtete Wehrkirche.

Die Kathedrale Sainte-Cécile in Albi gilt allgemein als ein Wunder der südländischen gotischen Architektur. Sie sieht wie eine Festung und gleichzeitig wie eine Kirche aus, und ihr Turm ähnelt eher einem Schloßturm als einem Glockenturm. Ihr Bau, 1282 begonnen, wurde erst im Laufe des 14. Jahrhunderts abgeschlossen. Ihre äußerliche, ganz militärische Nüchternheit steht im Gegensatz zu dem reich mit schmückendem Beiwerk und Skulpturen verzierten Inneren. Das riesige Kirchenschiff von 100 auf 20 Meter ragt 30 m hoch auf. Die Deckengewölbe und Wände, die in den Jahren 1510 bis 1512 von italienischen Malern in blauen und goldenen Tönungen gestaltet wurden, stellen die größte Freskensammlung Frankreichs dar. Die Kirche hat eine einzigartig schöne Empore.

Die Basilika der göttlichen Weisheit 214

In Istanbul wetteifert am Ufer des kleinen Marmara-Meeres die Mutterkirche der Christenheit, die Hagia Sophia, mit der benachbarten muselmanischen Blauen Moschee.

324 wählte Konstantin I. Istanbul, das alte Byzanz, zur Hauptstadt des Römischen Reiches. Er ließ dort eine der göttlichen Weisheit (Hagia Sophia) geweihte Basilika erbauen, die seine Nachfolger nach mehrmaligen Schäden durch Erdbeben immer wieder herstellen ließen. Nach der türkischen Eroberung 1453 wurde die Basilika zur Moschee mit vier Minaretten, ehe sie in neuerer Zeit zum Museum wurde. Ihre mächtige Kuppel hat einen Durchmesser von 31 Metern und ruht auf einem mittleren Rundbau von 35 m Durchmesser. Einen halben Kilometer von ihr entfernt steht die Moschee des Sultans Ahmet mit ihrer von sechs Minaretten flankierten Kuppel. Ein herrlicher Innenschmuck aus blauer Fayence hat ihr den Beinamen Blaue Moschee eingebracht.

Die Grundvigs Kirke 215

Auf der dänischen Insel Seeland steht in einem der nordwestlichen Vororte Kopenhagens eine sonderbare Kirche.

Sämtliche Architekten der Welt betrachten die Fassade der Kirche von Grundvig als die erstaunlichste Übertragung gotischer Auffassung und Formgebung in die Moderne. Der Architekt der Kirche, P. V. Jensen-Klint, hat sich vom Stil der alten Dorfkirchen inspirieren lassen, dabei aber eine ausgesprochen moderne Konzeption vertreten. Der aus Ziegeln und Beton errichtete Bau ragt hoch über alle Nachbargebäude hinweg. Die vertikalen Einschnitte lassen ihn noch hochstrebender erscheinen, und die Dreiteilung des Giebels erweckt deutlich den traditionellen Eindruck von Türmen und Turmspitzen, während die Gestaltung des Eingangs und die schmückenden Längsrillen unweigerlich an eine riesige Orgel erinnern.

Die Kapelle von Ronchamp 216

In Ronchamp, nicht weit von Belfort in Frankreich, hat der große Architekt Le Corbusier die gewagteste aller nach dem Krieg erbauten Kapellen verwirklicht. Sie ist Vorläuferin einer noch sehr umstrittenen modernen religiösen Kunst.

Die Kapelle von Ronchamp steht für die 1944 zerstörte Kirche Notre-Dame-du-Haut, die seit 1274 das Ziel alljährlicher Pilgerfahrten war. Zwischen 1951 und 1955 entstand unter Le Corbusier dieses Bauwerk aus Beton in ausgesprochen modernem Stil. Seine Formen passen sich den geschwungenen Linien der umgebenden Landschaft an. Das nackte Innere lebt vom Licht, das durch ungewohnt asymmetrische Öffnungen hereinfällt, und ist für die innere Sammlung günstig. Draußen steht unter der durchhängenden Wölbung des Daches ein Altar für die Pilger. Die Gläubigen setzen sich dann auf die Stufen einer Pyramide, eines Denkmals, das den Opfern der Befreiung gewidmet ist.

Die Sixtinische Kapelle 217

1473 ließ Papst Sixtus IV. eine große Kapelle bauen, die heute noch eine der Kostbarkeiten der Vatikanstadt ist. Diese der Jungfrau Maria geweihte Kapelle trägt den Namen ihres Stifters und dient vor allem den Zeremonien um Ostern.

Was den besonderen künstlerischen Reiz der Sixtinischen Kapelle in Rom ausmacht, ist die Vielzahl an Fresken, die von den größten Meistern der italienischen Renaissance stammen. Wände und Decken des 40 m langen und 26 m hohen Gebäudes weisen Gemälde von unschätzbarem Wert auf: Botticelli, Rosselli, Perugino und andere malten Szenen aus dem Alten Testament. Aber das bedeutendste Werk stammt von Michelangelo, der vier Jahre (1508–1512) ganz allein das Deckengewölbe mit Bildern aus der Schöpfungsgeschichte schmückte und später auf der Altarwand eine außergewöhnliche Komposition des Jüngsten Gerichts schuf (1534–1541), die als eines der größten Meisterwerke der Welt angesehen wird.

Das Schloß Chambord 218

In der Nähe von Blois, nicht weit vom Ufer der Loire, steht das ansprechendste Schloß, das in Frankreich während der Renaissance auf Anregung König Franz I. erbaut wurde.

Chambord, nach dem Plan einer mittelalterlichen Festung erbaut, hat die Form eines weitläufigen Rechtecks von 156 auf 117 Meter und wird von vier runden Türmen begrenzt. Aber da endet auch schon die Ähnlichkeit, denn die Mauern sind von tausend Fenstern durchbrochen, und die Türme tragen spitze, zarte Dächer, die durch leichte Kamine noch erhöht werden. Im Inneren des Mitteltraktes, auch Schloßturm genannt, führt eine herrliche, doppelte Wendeltreppe in die Höhe. Zwei Personen können die Stufen hinauf und hinunter gehen, ohne sich zu begegnen. Die Treppe führt auf eine Galerie, von wo aus die Edeldamen den Verlauf der Jagden in dem nahen, wildreichen Wald verfolgten. Chambord spiegelt sich in den Wassern des Cosson.

Das Schloß Chenonceaux 219

Chenonceaux ist eines der schönsten Schlösser, die am Ufer der Loire oder ihrer Nebenflüsse erbaut wurden. Nahe bei Tours spiegelt es seine elegante Fassade im Wasser des Cher.

Chenonceaux, einst eine einfache Mühle im Cher, verwandelte sich durch ständige Vergrößerung und Verschönerung zu einem prunkvollen Schloß der Renaissance. Thomas Bohier, Finanzverwalter Königs Franz I., ließ es zwischen 1515 und 1522 auf den robusten Pfeilern der Mühle im Bett des Cher erbauen. Die von Madame Bohier gestaltete Inneneinrichtung machte das Schloß zum behaglichsten Wohnsitz jener Zeit. Als Diane de Poitiers Eigentümerin des Schlosses war, hatte sie die Idee, eine Brücke zum anderen Ufer des Cher schlagen zu lassen. Auf dieser Brücke ließ Königin Katharina von Medici 1560 eine lange, zweistöckige Galerie errichten, die ein Symbol französischer Eleganz ist.

Die Moschee von Cordoba 220

Die Kathedrale in Cordoba in Südspanien war als alte Moschee aus dem ersten Jahrtausend neben der von Mekka, die die Kaaba beherbergt, die größte Moschee der Welt.

Die große Moschee von Cordoba bildet ein Rechteck von 175 auf 134 m und ist von einer 12 bis 20 m hohen Mauer umgeben. In ihrem Inneren steht ein wahrer Wald aus Säulen, die herrliche, mit Arabesken geschmückte Bögen tragen. Durch 19 zueinander parallel verlaufende Säulenreihen, die sich rechtwinklig mit 36 anderen Säulenreihen schneiden, entstehen zahlreiche Gänge.

850 Säulen aus Marmor, Granit und Jaspis tragen zwei übereinanderliegende Etagen von rotweißen Rundbögen. Im Mihrab, einem muselmanischen Heiligtum, ruhte ein kostbarer Koran, um den die Pilger siebenmal auf den Knien herumrutschen mußten. Der kreisrund abgewetzte Boden zeugt noch heute von diesem religiösen Eifer.

Die Porta Nigra 221

Trier, eine Stadt an der Mosel, wurde 56 v. Chr. gleichzeitig mit Gallien von den Soldaten Julius Cäsars erobert. Die Römer errichteten dort die berühmte Porta Nigra.

Wenn die römischen Architekten Befestigungen bauten, schmückten sie sie aus, um sie ebenso schön wie haltbar zu machen. Die Porta Nigra stellte ein mächtiges Verteidigungsbauwerk dar, deren Mauern aus riesigen, ohne Zement aneinandergefügten Steinen bestanden. Aber sie schmückt sich mit angedeuteten Fenstern und Außensäulen wie die Arenen, die Triumphbögen und andere römische Bauten. Die Bewohner von Trier fanden sie so schön, daß sie im 12. Jahrhundert beschlossen, ihr eine Kirche im gleichen — also im romanischen — Stil anzufügen. Die Porta Nigra mit ihren im Laufe der Zeit schwarz gewordenen Steinen ist eines der ältesten Denkmäler Triers, das einmal die Hauptstadt des ersten „Belgien" und Residenz zahlreicher römischer Kaiser war.

Der Hof der Löwen 222

Auf einem Hügel über der südspanischen Stadt Granada ließen die einstigen Maurenkönige, die Eroberer Spaniens, die Alhambra erbauen — Palast und Festung zugleich.

Der arabische Name „al-Hamra" bedeutet „die Rote". Er bezieht sich auf die Farbe der Mauern und Dächer, die hauptsächlich aus Ziegeln bestehen. Das Schloß erweckt von außen nur den Eindruck massiver Festigkeit, ist aber im Inneren reich ausgestattet und voller anmutiger Schönheit und Harmonie. So gibt es mehrere Innenhöfe — sogenannte Patios — wie den Myrtenhof mit seinem langen Wasserbassin, den ganz mit Marmor getäfelten Hof von Mexuar und vor allem den herrlichen Hof der Löwen, das kostbarste Zeugnis arabisch-spanischer Kunst. Der Hof wird gesäumt von 124 weißen Marmorsäulen, und in seiner Mitte tragen zwölf Löwen ein schweres Becken, das die sprudelnden Wasser eines Springbrunnens auffängt.

Der Palast der Päpste 223

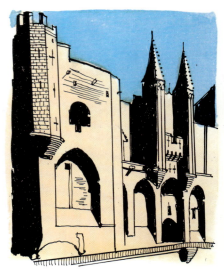

Um sich der im 14. Jahrhundert in Italien herrschenden Unsicherheit zu entziehen, lebten sieben aufeinanderfolgende Päpste in einem riesigen feudalen Palast in der französischen Stadt Avignon.

Der Palast der Päpste ist zweifellos einer der größten, die je gebaut wurden. Er entstand zwischen 1334 und 1362 unter Benedikt XII., Klemens VI. und Innozens VI. Palast und Festung zugleich, war er fast ein Jahrhundert lang Sitz des Papsttums. Von dicken Mauern und hohen, mit Schießscharten versehenen Türmen geschützt liegt ein wahres Labyrinth aus Sälen, Gängen und Kapellen. In diesem provenzalisch-gotischen Palast ließ der Dichter Alphonse Daudet die amüsante Geschichte vom Maultier des Papstes spielen, in einer Zeit, als die „guten" Päpste von Avignon, die den Vatikan verlassen mußten, ihre bis 1378 währende „babylonische Gefangenschaft" erlebten.

Das Schloß von Versailles 224

Dieses majestätische Schloß, nach dem Willen Ludwigs XIV. entstanden, hat eine Hauptfassade von 580 m Länge. Es liegt westlich von Paris, 25 km von der Hauptstadt entfernt.

Auf einem Hügel nahe bei dem kleinen Dorf Versailles ließ Ludwig XIII. 1624 ein kleines Jagdschloß erbauen, weil es in den Wäldern und auf den Heideflächen dieser Gegend viel Wild gab. Ludwig XIV. seinerseits befahl, dort ein richtiges Schloß zu bauen, das er unablässig weiter ausstatten und vervollständigen ließ, wozu er die Talente der größten Künstler einsetzte. Der König zog ein, der Hof folgte, die Diener, die Soldaten, schließlich auch die Regierung und die Verwaltung. Man mußte eine Kapelle bauen, den Park gestalten, Pferdeställe errichten, ein Theater erbauen, Wasserspiele schaffen... So wurde Versailles allmählich das berühmteste Bauwerk der französischen Klassik.

Das Schloß Schönbrunn 225

Historisch gleichbedeutend mit dem Schloß von Versailles, war Schloß Schönbrunn in Wien die Sommerresidenz der österreichischen Kaiser und ihrer Höflinge.

Im 19. Jahrhundert war das Schloß noch in der ländlichen Umgebung Wiens gelegen, aber Wien vergrößerte sich und nahm Schönbrunn in sich auf. Dieses Schloß erinnert, wenn es auch viel kleiner ist, an Versailles mit seinem Park, seinen Statuen, seinen Springbrunnen und seiner Menagerie. Die im französischen Stil gehaltenen Gärten von Schönbrunn blieben auch für das allgemeine Publikum geöffnet, wenn die Kaiser im Sommer zusammen mit Würdenträgern des Hofes und einer Armee von Dienern im Schloß residierte. Napoleon I. hatte dort 1805 und 1809 sein Hauptquartier, sein Sohn, der Herzog von Reichstadt, starb dort 1832. Kaiser Franz-Joseph I. von Österreich wurde 1830 dort geboren.

Der Louvre 226

Der Louvre ist ohne Zweifel eines der berühmtesten Museen der Welt, nicht nur wegen der Kostbarkeiten, die er birgt, sondern auch wegen seiner historischen Bedeutung: Lange Zeit war er der Pariser Wohnsitz der französischen Könige.

Am rechten Ufer der Seine hatte Philippe Auguste eine Festung erbauen lassen, die Charles V. zur Residenz umwandeln ließ. Aber Franz I. ließ sie abreißen, um an der gleichen Stelle ein neues Palais zu errichten, das von Henri IV., Ludwig XIII., Ludwig XIV., Napoleon I. und Napoleon III. unablässig vergrößert und verschönert wurde.

Nach der Französischen Revolution wurde der Louvre zum Museum. Es enthält sechs Abteilungen: Orientalische, ägyptische, griechische und römische Kunstschätze, Gemälde, Skulpturen und Kunstgegenstände. Es würde Jahre dauern, die vielen tausend Kunstwerke zu bewundern, die im Louvre zusammgetragen sind!

Die Sainte-Chapelle 227

Das Palais de Justice von Paris ist das alte königliche Palais, das König Ludwig der Heilige auf der Seine-Insel bewohnte. Auf seinen Befehl wurde die Sainte-Chapelle gebaut.

Dieses Bauwerk aus dem 13. Jahrhundert wirkt eher wie ein Juwel als wie eine Kirche, weil es so klein ist, so zerbrechlich wirkt und so reichen Zierrat trägt. Es ist 36 m lang, 17 m breit und 42 m hoch und besteht aus zwei übereinanderliegenden Kapellen. Die untere war für das breite Publikum gedacht, die obere, zu der ein Verbindungsgang von den königlichen Wohnräumen bestand, war für den Monarchen reserviert. Die Mauern wurden durch 15 große Glasfenster ersetzt, die in einer Sinfonie aus leuchtendem Rot und Blau 1 130 Szenen aus dem Alten Testament darstellen. Während der Revolution diente das Gebäude als Versammlungsraum, als Getreidelager und als Archiv. Immer wieder findet es die Bewunderung vieler Besucher.

Der Invalidendom 228

Um alte, körperbehinderte Soldaten zu versorgen und unterzubringen, ließ Ludwig XIV. in Paris ein Militärhospiz errichten, das später unter seiner vergoldeten Kuppel die Asche und das Grab Kaiser Napoleons I. aufnahm.

Dieses Militärhospiz wurde 1671 von Libéral Bruant begonnen und von dem großen Architekten von Versailles, Hardouin-Mansart, vollendet. Die verschiedenen Gebäudeteile nehmen eine Fläche von 400 auf 450 m ein. Der riesige Ehrenhof wird heutzutage zur Ordensverleihung und den damit verbundenen Militärparaden benutzt. Der Innenraum von Saint-Louis, der Soldatenkirche, ist mit vielen ruhmreichen Fahnen geschmückt, die als Ersatz für die 1 400 Fahnen dort hängen, die nach der Niederlage von 1814 im Ehrenhof verbrannt wurden. Die Asche berühmter französischer Marschälle ruht neben der Napoleons, die 1840 dorthin überführt wurde, unter der großen Kuppel des Invalidendoms.

Das Stadhuis Gouda 229

Auf dem Marktplatz der kleinen holländischen Stadt Gouda steht ein herrliches Rathaus, das Stadhuis, erbaut von 1449 bis 1459.

Gouda liegt im eingedeichten Marschland Hollands und ist berühmt wegen seiner köstlichen runden Käse und seines knusprigen Kleingebäcks. Seinen Besuchern hat es ein wunderschönes Rathaus vorzuweisen: Ein hochstrebendes Bauwerk in rein gotischem Stil, das eher wie ein Schloß aus dem Märchen aussieht. Die beiden äußeren Türmchen, sechs dekorative Turmspitzen und der schlanke Glockenturm ragen als parallele Säulen auf und lassen das Gebäude noch höher und zarter erscheinen. Dieses vollendet schöne und etwas unwirkliche Stadhuis zeigt sich im Schmuck der umliegenden, im gleichen Stil gehaltenen hübschen Wohnhäuser, so daß das architektonische Bild von Gouda eine Augenweide für die Besucher der Stadt darstellt.

Der Markusplatz 230

Der Markusplatz in Venedig zieht ständig große Scharen von Besuchern an, die dort sitzen wollen, um sich auszuruhen und nach Belieben einige der herrlichsten Bauwerke dieser schönen italienischen Stadt zu betrachten.

Eine große Menge staunender Besucher bevölkert unablässig den Markusplatz, denn zu jeder Stunde bietet sich ein neues Schauspiel: zahllose Tauben, die über den Platz schwirren, Mori, zwei Bronzestatuen, die auf dem Uhrenturm die Stunden schlagen, Touristenschwärme, die in den Dogenpalast strömen oder aus dem über der Stadt aufragenden Campanile kommen, Fotografen, die von den Mosaiken der Basilika von St. Markus fasziniert sind, Gondeln, die an der Anlegestelle der Piazetta vertäut liegen... Freilichtaufführungen und Konzerte lösen einander ab, bis gegen Ende September die Lagune alljährlich den Platz überspült und ihn für einige Stunden den Gondeln zugänglich macht.

Das Petit Trianon 231

Im großen Park von Versailles, fern von dem glanzvollen Gepränge des Hofes, suchte Marie-Antoinette, Königin von Frankreich, die Stille im Petit Trianon.

Auf Veranlassung Königs Ludwig XV. entwarf und baute der Architekt Gabriel von 1762 bis 1768 das Petit Trianon. Der König gedachte sich dort von der anstrengenden Pracht des Hoflebens auszuruhen. König Ludwig XVI. schenkte das entzückende kleine Schloß Marie-Antoinette, die es luxuriös ausstatten ließ. Sie hielt sich oft dort auf, um dem höfischen Zwang zu entfliehen. Die harmonischen Proportionen der Fassade, die von einer Balustrade im italienischen Stil gekrönt und mit vier korinthischen Säulen geschmückt ist, machen aus diesem an sich einfachen Bauwerk ein Meisterwerk der Anmut. In nächster Nähe des Petit Trianon weideten die Schafe und Kühe des kleinen Dorfes, in dem die Königin und die Höflinge gern in bäuerlicher Idylle lebten.

Das Brandenburger Tor 232

Das Brandenburger Tor mitten in Berlin ist Symbol der deutschen Hauptstadt, wie der Eiffelturm oder der Arc de Triomphe Symbole von Paris sind.

Das Brandenburger Tor, das mit seinen sechs längsgerillten Säulen an eine griechische Tempelfassade erinnert, wurde nach dem Vorbild der Propyläen auf der Akropolis 1788 von Langhaus nach den Plänen eines französischen Emigranten, Charles de Gontard, erbaut. Die Krönung des Tores war eine Quadriga, die im Zweiten Weltkrieg zerstört wurde. Heute ist das Werk des Bildhauers Schadow durch eine Kopie aus Kupfer ersetzt. Direkt am Brandenburger Tor beginnt eine sehr berühmte Straße von Berlin: Unter den Linden.

Der schiefe Turm von Pisa 233

Auf seinem Wege von Florenz ins Mittelmeer passiert der norditalienische Fluß Arno die Stadt Pisa mit ihrem berühmten schiefen Turm.

Der aus Carrara-Marmor erbaute 55 m hohe Turm besteht aus sechs übereinanderliegenden, kreisförmigen Säulengängen. Darüber befindet sich ein Rundbau mit mächtigen Glocken, die mehrmals am Tag läuten. Der Turm neigt sich nach Süden, und seine Spitze hängt im Verhältnis zum Fundament mehr als vier Meter über. Es heißt, daß diese Neigung zufällig entstanden sein kann (durch ein Nachgeben des Untergrundes), vermutet wird aber auch, daß es vielleicht Absicht des Architekten Pisano war, ein ungewöhnliches Bauwerk zu schaffen. Aber seit der Fertigstellung des Turmes im Jahre 1350, verlagert sich das Gleichgewicht jährlich um sieben zehntel Millimeter! Galilei benutzte diese Neigung zu Experimenten in Bezug auf die Fallgesetze.

Die Freiheitsstatue 234

Auf der kleinen Insel Bedloe, an der Einfahrt zum Hafen von New York, blickt die von dem Franzosen Bartholdi geschaffene Freiheitsstatue auf den Atlantik hinaus.

Die Freiheitsstatue wurde 1886 den Vereinigten Staaten von Frankreich zum Geschenk gemacht. Diese 93 Meter hohe Riesengestalt symbolisiert „die Freiheit, die die Welt erleuchtet". Im Inneren der Statue können die Besucher bis zur Fackel hinaufsteigen, von wo aus sie das Panorama des New Yorker Hafens betrachten. Fünfzehn Personen haben Platz auf der Galerie, die um die Flamme der von der Figur emporgestreckten Fackel verläuft, während fünfzig weitere Besucher im Kopf darauf warten, daß die Reihe an sie kommt. Eine verkleinerte Reproduktion der Figur erhielt Frankreich 1889 als Geschenk der Amerikaner. Sie steht auf der Brücke von Grenelle in Paris.

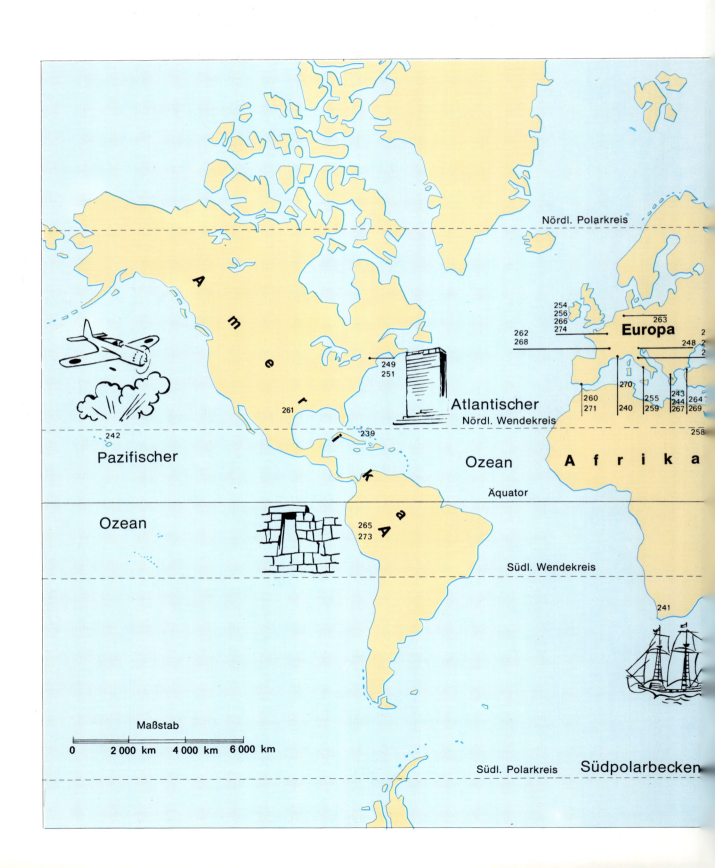

Berühmte Orte

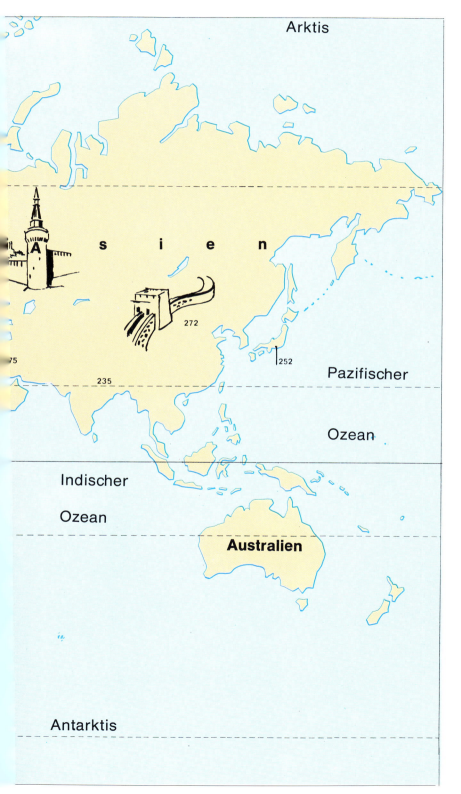

Manche Orte auf der Welt sind berühmt, weil sich dort irgend etwas Wichtiges zugetragen hat: Eine bekannte Persönlichkeit wurde dort geboren, eine Schlacht hat dort stattgefunden, ein Vertrag wurde dort unterzeichnet, eine wichtige wissenschaftliche Entdeckung wurde dort gemacht... Manche Orte haben sogar aus mehreren Gründen historische Berühmtheit erlangt, und so wissen zum Beispiel alle jungen Franzosen, daß Poitiers mehrmals Schauplatz von großen Schlachten war oder daß Versailles in der Weltgeschichte häufig eine Rolle spielte. Aber die Geschichte der Menschen hat sich auch an unbekannten Orten abgespielt, deren Namen man nie erfahren wird. Wo zum Beispiel wurde das Feuer entdeckt? Wo wurde das erste Schiff gebaut? Wo entstand die erste menschliche Sprache?

Der Potala von Lhasa 235

Der Potala, eine Mischung aus Festung, Palast und Kloster, ragt über der Stadt Lhasa im Himalaya-Staat Tibet auf, die religiöser Mittelpunkt des chinesischen Buddhismus ist.

Der Dalai Lama, religiöses Oberhaupt von Millionen Buddhisten, ist die Verkörperung des barmherzigen Gottes. Wenn er stirbt, weicht der göttliche Geist aus ihm und fährt in ein Kind, das er mit seinem Zeichen versieht, so daß die Mönche in ihm den neuen lebenden Gott erkennen. Bis 1959 residierte der Dalai Lama im Potala in Lhasa zusammen mit zwanzigtausend Lamas (buddhistischen Priestern). Dieser Palast mit seiner goldplättchenbesetzten Kuppel ragt über einer Stadt mit breiten Straßen und zahlreichen Gärten auf. Scharenweise kommen die Pilger an den heiligen, 3 600 m hoch gelegenen Ort. Nach der Invasion Tibets durch die Chinesen mußte der Dalai Lama den traditionellen Palast verlassen und bei den indischen Buddhisten um Asyl bitten.

Die Vatikanstadt 236

Der Vatikan ist der kleinste Staat der Welt. Er drängt sich auf weniger als einem halben Quadratkilometer innerhalb Roms zusammen. Regierungschef ist der Papst.

Der Vatikan, ein souveräner Staat, dessen Grenzen und Statuten 1929 durch die Lateranverträge festgelegt wurden, besitzt eine eigene Verwaltung, eine Fahne, eine Garde, eine Tageszeitung (Osservatore Romano), einen eigenen Staatshaushalt, einen eigenen Sender (Radio Vatikanstadt) und eigene Autokennzeichen. Die Schweizer Garden, die die Zugänge bewachen, tragen die von Michelangelo entworfene blau-gelb-rot-gestreifte Uniform. Hunderttausende von Besuchern kommen jedes Jahr, um dem Heiligen Vater ihre Reverenz zu erweisen und eine auf der Welt einmalige Kunst und Architektur zu bewundern: den Petersplatz mit dem Obelisken, die Basilika mit ihrer Kuppel, die Museen mit den reichen historischen Kunstschätzen und die schön angelegten Gärten.

Der Berg Sinai 237

Zwischen Ägypten und Palästina liegt auf der Halbinsel Sinai ein Berg, der durch den Auszug des Volkes Israel im 14. Jahrhundert v. Chr. berühmt wurde.

Das Bergmassiv im Norden der Halbinsel Sinai hat mehrere Gipfel aufzuweisen, von denen einer Dschebel Musa oder der Berg Mose heißt. Nach Aussage der Bibel hat dort der Befreier des hebräischen Volkes von Gott die Gesetzestafeln erhalten, mit denen das religiöse und zivile Leben des Volkes Israel geregelt wurde und deren Inhalt als die „Zehn Gebote" bekannt ist. Mose, der die Hebräer am Fuße des Berges zurückließ, stieg allein hinauf und blieb vierzig Tage dort oben. Von einer feurigen Wolke eingehüllt, ritzte er das Gesetzt, das Gott ihm diktierte, in die Steintafeln...

Die Klagemauer 238

Viele israelische Pilger möchten zur Klagemauer, um dort zu beten. Dieser Wallfahrtsort liegt in Jerusalem, der Heiligen Stadt der Juden, der Christen und Mohammedaner.

In Jerusalem, nahe der Stelle, an der einst der Tempel Salomos stand, findet sich der Rest einer hohen, aus großen Quadersteinen errichteten Mauer aus der Zeit des Königs Herodes. Eine religiöse Sitte, die sich allmählich einbürgerte, war die Gewohnheit, daß alle Freitage die Juden an die Klagemauer kamen, um die Zerstörung des jüdischen Jerusalems zu beweinen. Aus der Menge der flehenden und die Steine umarmenden Gläubigen stieg dann ein lautes Geschrei empor, das alle anderen Geräusche der Stadt übertönte. Heute kommen die israelischen Pilger an jedem beliebigen Tag zur Mauer, um ihr Gebet den traditionellen Klagen hinzuzufügen und einen Text aus den Psalmen, den Sprüchen oder dem Talmud zu lesen.

Die Schildkröteninsel 239

In Mittelamerika nördlich von Haiti liegt eine seltsame Insel, die wie ein im Wasser treibender riesiger Schildkrötenpanzer aussieht. Die danach benannte Insel wurde im 17. Jahrhundert zur Zuflucht für Seeräuber.

Die hohen, steilen Küsten schützen die Insel vor unerwarteten Besuchern. Der einzige Zugang ist leicht zu verteidigen. So war die Schildkröteninsel für Flibustiere und Bukaniere ein natürliches und uneinnehmbares kleines Fort. Die Flibustiere, Seeräuber, griffen einsame, allein fahrende Schiffe aller Nationalitäten an und raubten deren Ladung. Die Bukaniere wandten sich, nachdem sie Haiti und einige andere Inseln besiedelt hatten, der Jagd auf die wilden Stiere zu, deren Fleisch sie durch Räuchern konservierten. Vor dem Terror der Spanier suchten sie Zuflucht auf der Schildkröteninsel und gaben die Stierjagd auf, um sich wie die Flibustiere der Jagd auf Segelschiffe zu widmen.

Die Burg If 240

Um die Küsten Frankreichs vor feindlichen Invasionen zu schützen, wurden zu allen Zeiten auf den Vorgebirgen oder nahen Inseln zahlreiche Festungen errichtet. Die Inselburg If diente dem Schutz Marseilles.

Franz I. ließ 1524 diese Festung erbauen, als Frankreich im Krieg mit Karl V. lag, dem Herrscher über Spanien und verschiedene italienische Gebiete. Man mußte damals Marseille vor überraschenden Angriffen von der See her schützen. Später wurde die Burg If zum Staatsgefängnis. Der Schriftsteller Alexandre Dumas ließ in seiner Phantasie den Abbé Faria und Edmond Dantes, die beiden Helden seines Buches „Der Graf von Monte Christo", dort als Gefangene leben. Man kann in der Burg If den Tunnel besichtigen, den ein Gefangener grub, um sich zu befreien, und den der Schriftsteller in seinen Roman übernahm. Ein Besuch der Festung gibt Gelegenheit zu einer sehr kurzen, aber angenehmen Fahrt auf dem Mittelmeer.

Das Kap der Guten Hoffnung 241

Dieses Kap ist das bekannteste aller afrikanischen Vorgebirge und stellt nahezu die äußerste Südspitze Afrikas dar. Seinen Namen verlieh es einer dort liegenden Stadt: Kapstadt.

Bartholomäus Dias, ein portugiesischer Seefahrer, entdeckte 1487 das hohe Vorgebirge, das die südliche Begrenzung der afrikanischen Atlantikküste zu sein schien. Er nannte es das „Kap der Plagen" oder „Kap der Stürme" wegen des wenig einladenden Anblicks, das der von wilden Stürmen gepeitschte Ozean bot. König Johann II. verlieh dem Kap den schöneren Namen „Gute Hoffnung", weil er hoffte, die Seefahrer würden, wenn sie das Kap einmal passiert hätten, endlich den Seeweg nach Indien finden. 1497 umfuhr Vasco da Gama erstmalig das Kap und segelte weiter: die gute Hoffnung konnte ja nicht enttäuscht werden. Heute ist das Kap ein Schutzgebiet für Vögel, Meeres- und Landtiere und für die einheimische Flora.

Pearl Harbor 242

Pearl Harbor, ein großer Militärhafen der USA auf den Hawaii-Inseln, liegt mitten im Pazifik zwischen Nordamerika und Asien.

Die militärische Basis der amerikanischen Pazifikflotte, Pearl Harbor, wurde in einem natürlichen Hafen der Insel Oahu nördlich von Honolulu angelegt, der 300 000 Einwohner zählenden Hauptstadt der Inselgruppe. Der überraschende Angriff japanischer Flugzeuge auf die Basis am 7. Dezember 1941 veranlaßte Amerika zum Eintritt in den Zweiten Weltkrieg. In weniger als zwei Stunden zerstörte die japanische Luftwaffe acht Panzerkreuzer, drei Kreuzer, acht Zerstörer und zahlreiche Flugzeuge. Durch eine Folge unglücklicher Zufälle wurde auf Pearl Harbor kein Alarm gegeben, so daß die Angreifer auf keinen Widerstand stießen und einen katastrophalen Überraschungsschlag landen konnten.

Das Bergmassiv des Olymp 243

Die Gipfel des Olympmassivs sind die höchsten Erhebungen aller griechischen Gebirge. Die Griechen des Altertums glaubten, daß sich dort der Wohnsitz ihrer vielen Götter befinde.

Der Olymp ist ein Bergmassiv, dessen höchster Gipfel 2 917 m erreicht. Dicht dabei ragt der 2 911 m hohe Olymbos, der Thron des Zeus, auf. Die Griechen hatten aus diesem schneebedeckten und für sie unzugänglichen Gebirge die Residenz des Zeus gemacht, des Herrschers über Götter und Menschen. Sie glaubten, hinter der ständigen Wolkenschicht stehe ein prächtiger Palast, in dem alle Gestalten der Mythologie wohnten. Von dort oben, meinten sie, könnten die Götter das Geschehen auf der Erde beobachten und je nach Laune in das Geschick der Völker oder einzelner Menschen eingreifen. Verzogen sich die Wolken und wurde der Schnee sichtbar, glaubten die Sterblichen, die Dächer und Fenster des olympischen Palastes glitzern zu sehen...

Die Akropolis 244

Manche Städte der Antike errichteten ihre Heiligtümer auf erhöhten Flächen, um die herum die Stadt dann anwuchs. Die Akropolis inmitten Athens, der Hauptstadt Griechenlands, besteht aus den Ruinen der schönsten Tempel der Welt.

Die Akropolis von Athen steht auf einer ebenen Hochfläche 100 m über der Stadt und enthält auf begrenztem Raum die verschiedensten Baudenkmäler. Leider sind die Gebäude der Akropolis im Laufe der Zeit mehrmals geplündert worden, vor allem von den Persern, den Franken und den Venezianern. Der herrliche Parthenon-Tempel, der von den Türken als Lagerraum für Schießpulver verwendet wurde, explodierte 1656! Ob Zeus damit die Griechen rächen wollte? Archäologen machten sich daran, die Stätte teilweise zu restaurieren, damit die Touristen die Säulenreihe des Parthenon und die Karyatiden des Erechtheions bewundern können.

Der Krak der Kreuzritter 245

Als eine von den Kreuzrittern in Syrien errichtete Festung schützte der Krak den Weg der Pilger, die sich in das Heilige Land nach Jerusalem begaben.

Das arabische Wort „karak" bedeutet „feste Burg". Nach den Kreuzzügen ging es den Europäern darum, die Sicherheit der Straßen nach Jerusalem zu garantieren. Sie bauten darum Festungen, die als Zufluchtsorte dienen konnten. Mehrere davon wurden in Syrien errichtet, und einige unter ihnen konnten Tausende von Reisenden aufnehmen. 1142 bezog der Orden der Johanniter den Krak der Kreuzritter, der zwei von einem Wassergraben getrennte Umwallungen besaß. Die Garnison zählte 2 000 Insassen und verfügte über Lebensmittelvorräte für fünf Jahre! Ein Backofen, eigene Mühlen, Korn und Öl erlaubten eine angemessene Verpflegung von Reisenden und Verteidigern. Bis 1272 widerstand der Krak allen Angriffen der Mohammedaner.

Der Rote Platz 246

Die imposanten Ausmaße und die lange historische Vergangenheit des größten Platzes der sowjetischen Hauptstadt Moskau haben ihn zum würdevollen, symbolischen Schauplatz zahlreicher offizieller Veranstaltungen werden lassen.

Früher nannte man ihn den „Schönen Platz", heute den „Roten Platz", denn auf einem der Türme des Kreml blinkt hoch über dem Platz ein roter Stern aus Rubinen. Das Mausoleum Lenins, die Basilius-Kathedrale, die in ein Nebengebäude des Museums für Geschichte umgewandelt wurde, und das große staatliche Kaufhaus GUM stehen an diesem weitläufigen Platz, der außerdem von der roten Ziegelmauer des Kreml begrenzt wird. Große Paraden finden am 1. Mai und am Tag der Oktoberrevolution statt. Nischen in der Mauer enthalten die Asche sowjetischer Volkshelden, unter anderem auch die Gagarins, des ersten Kosmonauten.

Die Seufzerbrücke 247

Diese berühmte, einen Kanal überspannende Brücke in Venedig war der direkte Weg, auf dem die Gefangenen vom Dogenpalast, wo man sie verurteilt hatte, ins Gefängnis geführt wurden.

Die Dogen, Herrscher über die venetianische Republik, residierten im Dogenpalast. Der Weg aus dem Saal des Großen Rates zu den Gefängnissen war lang und führte durch marmorne Gänge, reich geschmückte Säle und über die Treppe der Riesen. Manchmal versuchten die Gefangenen zu entfliehen, in eine Nische, durch ein Fenster oder eine der zahlreichen Türen auf dem Wege. So beschlossen die Dogen um 1600, eine geschlossene Brücke bauen zu lassen, über die die Gefangenen schon nach wenigen Schritten das Gefängnis erreichten. Wie viele Seufzer mögen jene ausgestoßen haben, die durch eines der vier Fenster den Himmel der Freiheit sahen!

Die Hohkönigsburg 248

Die Hohkönigsburg, eine typisch deutsche Burg, steht hoch auf einer Bergkuppe der französischen Vogesen über der Ebene des Elsaß und dem Rheintal.

Die Hohkönigsburg, eines der am meisten besuchten Ausflugsziele im Elsaß, wurde auf Befehl des Kaisers Wilhelm II. Anfang dieses Jahrhunderts teilweise wieder aufgebaut und restauriert, als Elsaß-Lothringen unter deutscher Herrschaft stand. Die Burg ist ganz aus rotem Sandstein erbaut und besitzt einen dreifachen Festungswall. Man richtete sie wie einen neuzeitlichen Wohnsitz ein: Keller, Küchen und Zimmer wurden modernisiert. Das Mobiliar und die Ausstattung allerdings machen den Besuch interessant. Vor dieser stimmungsvollen Kulisse und dem großartigen Panorama wurden mehrere Folgen des Films „Die Große Illusion" gedreht. Auf ihrem 757 m hohen Felsen wirkt die Burg wie ein Adlerhorst.

Der Glaspalast 249

Glaspalast — so heißt das moderne, 1951 fertiggestellte Gebäude, in dem sich der Sitz der Vereinten Nationen in New York befindet.

Der Name bezieht sich auf die östliche und die westliche Fassade, die vollkommen aus getönten Glasscheiben bestehen, in denen sich der Himmel der großen amerikanischen Stadt spiegelt. In diesem 152 m hohen und 39 Etagen umfassenden imposanten Wolkenkratzer arbeiten mehrere tausend Menschen, Techniker und Experten aus aller Welt, für den Frieden. Der Grund und Boden, auf dem der Glaspalast steht, ist internationales Territorium. Vor dem Sitz der UNO weht die blaue Fahne mit der weißen Erdkugel, die von Olivenzweigen, den Symbolen des Friedens, umgeben ist. Fast alle Staaten der Welt sind in der UNO vertreten, wo die fünf Großmächte USA, Großbritannien, Frankreich, UdSSR und China entscheidendes Gewicht haben.

Der Kreml 250

Einen Kreml — also eine Festung — gibt es in mehreren russischen Städten. Der Moskauer Kreml, ehemalige Residenz der Zaren und heute Sitz der sowjetischen Regierung, ist so berühmt, daß man ihn einfach den „Kreml" nennt.

Mitten in Moskau, am Roten Platz, befindet sich umgeben von einer roten Ziegelmauer mit mächtigen Eingangstoren die 28 Hektar bedeckende dreieckförmige Anlage des Kreml, auf einem Vorgebirge, das vierzig Meter über dem Fluß Moskowa liegt. Zahlreiche historische und amtliche Gebäude verschiedenster Stilrichtungen stehen innerhalb der Festungsmauer. Zwiebeldächer, Türme, der Glockenturm Iwans des Schrecklichen stehen neben dem in moderner Bauweise errichteten Palast des Präsidiums des Obersten Sowjet. Auf einem Granitsockel steht die Tsar Kolokol, die 218 Tonnen schwere Zarenglocke, die 1737 bei einem Brand vom Glockenturm Iwans des Schrecklichen stürzte.

Das Pentagon 251

In Washington, der Bundeshauptstadt der USA, gibt es neben zahlreichen anderen öffentlichen Gebäuden das Pentagon, Symbol der amerikanischen Armee.

Der Oberbefehlshaber der amerikanischen Streitkräfte verfügt über ein seltsames modernes Verwaltungszentrum, zu dem nur eine beschränkte Zahl besonders befugter Personen Zugang hat. Dieses Gebäude hat die Form eines regelmäßigen Fünfecks (daher auch sein Name), das einen Innenhof umschließt. 1942 erbaut, beherbergt es das Verteidigungsministerium. Wird dort eine Entscheidung gefällt, so heißt es in der Öffentlichkeit, sie komme aus dem „Pentagon", mit der gleichen Selbstverständlichkeit, mit der man vom „Kreml" in Moskau spricht. Das Pentagon wird von einem Netz von Polizeikräften streng bewacht, wenn auch nicht ganz so streng wie Fort Knox in Kentucky, wo die Goldreserven der bedeutendsten Banken Amerikas lagern.

Hiroshima, eine Märtyrerstadt 252

Hiroshima, eine große Hafenstadt am inneren japanischen Meer im Südwesten der Insel Hondo, erlebte im Krieg 1939-45 den Abwurf der ersten Atombombe.

Hiroshima, ein großer Hafen am „japanischen Mittelmeer" war eine Stadt mit 400 000 Einwohnern, die auf den sechs Inseln in der Deltamündung des Flusses Ota stand. Am 6. August 1945, als Japan noch gegen die Alliierten kämpfte, warf eine „fliegende Festung" der Amerikaner, die Enola Gay, über der Stadt die erste Atombombe ab, die je auf ein feindliches Ziel geworfen wurde. Nach wenigen Sekunden waren 12 Quadratkilometer der Stadt zerstört und 78 150 Personen getötet. Eine zweite Bombe, die drei Tage später auf Nagasaki fiel, tötete 40 000 Menschen. Zahlreiche Verletzte starben noch später. Diese doppelte Katastrophe veranlaßte die japanische Regierung, um Frieden zu bitten.

Die Via Appia 253

Das Straßennetz der Römer zog sich durch ganz Europa. Die Via Appia ist ohne Zweifel die größte gepflasterte Straße in den Süden Italiens. 600 km lang, führte sie von Rom nach Brindisi.

Die Verkehrswege brachten die römische Zivilisation in die Gebiete, durch die sie verliefen. Die Römer überwanden beim Bau dieser Straßen alle Hindernisse, indem sie Tunnels, Plattformen an Bergflanken und Viadukte schufen und Pflastersteine setzten. In der Nähe von Städten lagen von hohen Zypressen umgebene Mausoleen und Gräber an den Straßen. Die Via Appia, 312 v. Chr. angelegt und noch heute in gutem Zustand, zieht sich von Rom aus an mehreren Grabdenkmälern entlang, darunter auch am Grabe des Horaz. Zwei Säulen, von denen eine noch aufrecht steht, kennzeichneten am Meeresufer das Ende der Straße in Brindisi.

Das Pantheon in Paris 254

Bei den Griechen war ein Pantheon ein Tempel, der allen Göttern geweiht war. Das Pantheon von Paris ist eine Kirche, die auf dem höchsten Punkt des linken Seine-Ufers, dem Hügel Sainte-Geneviève errichtet wurde.

Dieses mächtige Bauwerk in Form eines griechischen Kreuzes mit seinem aus vierundzwanzig Säulen bestehenden Peristyl ist gekrönt von einer majestätischen Kuppel mit Oberlicht. Sein Architekt Soufflot erbaute die Kirche zu Ehren der Heiligen Geneviève, der Schutzpatronin von Paris. 1791 beschloß die Gesetzgebende Versammlung, das Gebäude zum Pantheon zu machen, das die sterblichen Überreste großer französischer Bürger aufnehmen sollte. Die Fassade erhielt die Inschrift: „Seinen großen Männern — das dankbare Vaterland." Mehrmals noch wechselte das Gebäude seine Bestimmung und war einmal Pantheon, dann wieder Kirche.

Die Ruinen von Pompeji 255

Die Stadt Pompeji am Fuße des Vesuvs wurde 79 n. Chr. bei einem heftigen Vulkanausbruch mit ihren dreißigtausend Einwohnern unter der ausgestoßenen Asche begraben.

Pompeji war eine blühende, geschäftige Stadt. Der plötzliche Ausbruch des Vesuvs, der lange Zeit geruht hatte, begrub es unter Steinen und Asche und vernichtete alles Leben, ohne allerdings die Stadt zu zerstören. Diejenigen Bewohner, die nicht mehr hatten fliehen können, erstickten in den giftigen Gasen und wurden bald darauf von einer dicken Schicht kleiner, bimssteinartiger Steine zugedeckt. Die seit 1750 unternommenen Ausgrabungen haben die Stadt nach und nach wieder zutage gebracht, und die Häuser mit ihrem Mobiliar und ihrer schmückenden Ausstattung machen es möglich, das einstige Alltagsleben in Pompeji bis ins kleinste zu rekonstruieren. Die vom Tode überraschten Einwohner lagen in ihren Aschegräbern, in denen sich ihr Abdruck erhalten hat.

Die Königsgräber von Saint-Denis 256

Der Merowingerkönig Dagobert I. gründete 630 nördlich von Paris die Abtei Saint Denis mit einer Basilika, die dann letzte Ruhestätte zahlreicher französischer Könige wurde.

Die heilige Geneviève, die die Bewohner von Paris beim Einfall der Hunnen schützte, hatte über dem Grab des heiligen Denis, des ersten Bischofs von Paris, eine kleine Kirche bauen lassen. Dagobert ließ dort die prächtigste und schönste Abtei des Königreichs errichten. Als er 638 starb, begrub man ihn in der Kirche. 1263 entschied Ludwig IX., daß die Gräber der französischen Könige und Königinnen in Saint-Denis vereinigt werden sollten. Er ließ die Asche von sechzehn seiner Vorgänger, Karolinger und Capetinger, dorthin überführen, und bis zu Ludwig XVIII. wurden sämtliche französischen Monarchen dort beigesetzt. Kriege und Revolutionen haben allerdings in Saint-Denis nicht wiedergutzumachende Schäden angerichtet, und oft sind dabei die Gräber geschändet worden.

Die Stelen von Aksum 257

Aksum, eine alte Stadt in Abessinien (Äthiopien) und heilige Stadt der der koptischen Religion angehörenden Abessinier, war Hauptstadt eines Königreichs im Altertum. Noch immer stehen dort seltsame riesige Obelisken.

Die Stelen von Aksum, auch heute noch zahlreich anzutreffen, sind fugenlose Bauwerke, einige davon höher als dreißig Meter. Die Bildhauer haben sie in Gebäudeform mit angedeuteten Fenstern, Türen und einem nach äthiopischer Art abgerundeten Dach gestaltet. Mit ihren verschiedenen Etagen sollten sie zweifellos den Wohnsitz Gottes darstellen. Der Sockel einer Stele diente rituellen Opferhandlungen. Das größte dieser Bauwerke, heute in vier Teile zerbrochen, maß 33,50 m! Die höchste noch stehende Stele ragt 21 m auf und besteht aus neun Etagen mit je drei Fenstern — Zeugnis einer wenig bekannten und im 9. Jahrhundert ausgestorbenen mächtigen Zivilisation.

Das Tal der Könige 258

Zwischen der altägyptischen Stadt Theben und dem Tal der Könige, einer Grabstätte zahlreicher Pharaonen, erstreckt sich der steile Gebirgszug von Deir el-Bahari.

Im Laufe der Jahrhunderte wurden zahlreiche Pharaonengräber geschändet und ausgeraubt, besonders in Unterägypten, wo die Tempel und Pyramiden die Diebe anlockten. Tatsächlich war ja auch die Mumie eines Königs immer von besonders kostbaren Gegenständen umgeben. Die Pharaonen von Oberägypten wurden im Tal der Könige beigesetzt und ließen den Eingang zu ihrer Grabstätte durch gewaltige Felsblöcke verbergen. Trotz dieser Vorsichtsmaßnahme wurden einige unterirdische Grabstätten ausgeplündert. Der englische Archäologe Carter hatte trotzdem das Glück, das Grab Tut-ench-Amuns zu entdecken und außer der Mumie des Fürsten auch eine Anzahl herrlicher Gegenstände an den Tag zu bringen, die für uns dreitausend Jahre alte kostbare Zeugnisse sind.

Die Abtei von Monte Cassino 259

Um den zähen Widerstand ihrer auf dem Monte Cassino, einem natürlichen Hindernis zwischen Neapel und Rom, verschanzten Gegner zu überwinden, bombardierten ihn die Alliierten 1944.

Auf dem Monte Cassino standen zur Zeit der Römer zwei Tempel, die Jupiter und Apollo geweiht waren. Der heilige Benedikt, ein Mönch, gründete dort um 529 ein christliches Kloster, in dem er seine letzten Lebensjahre verbrachte und die Regeln eines neuen religiösen Ordens, der Benediktiner, aufstellte. Viermal wurde die Abtei von Monte Cassino zerstört (und immer wieder nach den gleichen Plänen wiederaufgebaut): 589 von den Lombarden, 883 von den Sarazenen, 1349 durch ein schweres Erdbeben und 1944 durch ein zwei Monate dauerndes Bombardement. Heute brennt auf dem Monte Cassino die Lampe der Toten, die 1960 in Anwesenheit ehemaliger Kämpfer aus allen beteiligten Nationen angezündet wurde.

Die Seeschlacht bei Trafalgar 260

Vor dem Kap von Trafalgar an der spanischen Atlantikküste wurde zwischen den Häfen Cadix und Tarifa die französisch-spanische Flotte 1805 von dem englischen Admiral Nelson vernichtet.

Die Katastrophe von Trafalgar war für Napoleon I. ein schlimmer Schlag. Durch ihn waren die französischen Seestreitkräfte vernichtet, und die Seeherrschaft lag nun in den Händen der Engländer. Von 33 Schiffen erreichten nur noch 9 den Hafen Cadix. Die Engländer hatten nur 450 tote Seeleute zu beklagen, die Franzosen hingegen 4400. Der französische Admiral Villeneuve geriet in Gefangenschaft. Der englische Admiral Nelson, der den Sieg mit dem Leben bezahlte, wurde zum Nationalheld. Das Fiasko von Trafalgar veranlaßte Napoleon zu der verhängnisvollen Kontinentalsperre gegen England, die auf lange Sicht dem Untergang des Kaisers den Weg bereitete. So kündete sich in Trafalgar schon die Niederlage von Waterloo an!

Das Fort El Alamo 261

An der Stelle der Stadt San Antonio in Texas lag das Fort Alamo, das 1836 eingenommen wurde. Dabei kam der berühmte Volksheld Davy Crockett ums Leben.

Im Fort El Alamo weigerten sich eine Handvoll texanischer Amerikaner, sich einer besser bewaffneten mexikanischen Übermacht zu ergeben. Der mexikanische Diktator Santa-Anna leitete an einem kalten Februarmorgen 1836 persönlich den Angriff gegen die Garnison. Auf die Kapitulationsforderungen der Mexikaner antwortete die kleine amerikanische Truppe mit einem Kanonenschuß. Die darauf folgende Belagerung dauerte länger als eine Woche. Man kämpfte Mann gegen Mann bis zum letzten Blutstropfen. Unter den Toten lag mit seiner berühmten Pelzmütze auch Davy Crockett, der spontan zu den Belagerten geeilt war und Betsey, sein altes Gewehr, zur Unterstützung der heroischen Kämpfer mitgebracht hatte.

Die Wandzeichnungen von Lascaux 262

Der berühmte französische Forscher für prähistorische Funde, Abbé Breuil, entdeckte 1940 die Grotte von Lascaux in einer Bergflanke des französischen Zentralmassivs.

Besucher der Grotten von Lascaux haben behauptet, sie hätten die „Sixtinische Kapelle prähistorischer Epochen" gesehen. Tatsächlich finden sich auf den Felswänden mehr als sechshundert Zeichnungen und Gravuren, die vor zwanzigtausend Jahren von den in dieser Gegend lebenden prähistorischen Menschen angebracht wurden. Der größte Saal — 30 m lang, 10 m breit und 7 m hoch — enthält einen Fries aus riesigen Tieren — Stiere, Pferde, Bisons und Auerochsen — sowie andere reiche Wandmalereien. Allerdings hat man seit 1963 die Grotten für die Öffentlichkeit sperren müssen: Luft, Licht und Bakterien drohten in wenigen Jahren zu vernichten, was sich im Dunkel und bei nur geringer Luftzufuhr über zwanzig Jahrtausende an Schätzen vollständig erhalten hatte.

Die Magdeburger Halbkugeln 263

1654 führte der Bürgermeister von Magdeburg, Otto von Guericke, öffentlich ein spektakuläres Experiment vor, bei dem er die Kraft des atmosphärischen Drucks beweisen konnte.

Torricelli hatte das Vorhandensein und die Wirkung des Luftdrucks entdeckt. Guericke ging von dieser Tatsache aus und bewies die Kraft des Luftdrucks durch ein Experiment, bei dem auch der deutsche Kaiser zugegen war. Zwei hohle Halbkugeln, die genau aufeinander paßten und zusammen eine Kugel von knapp einem Meter Durchmesser ergaben, wurden mit einer Pumpe luftleer gemacht. Zwei starke Pferde, die an jeder der Halbkugeln angeschirrt wurden, konnten sie nicht voneinander trennen. Der Luftdruck übertrumpfte die mächtige Zugkraft der Tiere, und Magdeburg wurde durch dieses Experiment berühmt!

Die Meeresenge des Bosporus 264

Asien und Europa bilden die beiden Ufer des Bosporus, einer Meerenge, die zwei Kontinente trennt und bei einer Länge von 30 km nur einen bis drei Kilometer breit ist.

Der Bosporus, eine historische Stätte, verbindet zwei bedeutende Meere und trennt zwei große Kontinente. Seinen Namen hat er aus alter Zeit, als Rinderherden schwimmend den Meeresarm überquerten. Darius, der Perserkönig, ließ seine Armee dort übersetzen, und auch der erste Kreuzzug führte 1097 dort hinüber, wo man heute noch am Ufer die Platane Gottfrieds von Bouillon zeigt. An beiden Ufern des Bosporus stehen zahlreiche Festungen, von denen aus der Verkehr zu Wasser und zu Lande überwacht wird. Eine zweifache Meeresströmung bewegt sich durch den Bosporus: die an der Oberfläche kommt aus dem Schwarzen Meer, während die tiefer verlaufende Strömung Salzwasser aus dem Mittelmeer führt, das eine größere Dichtigkeit hat.

Die Hauptstadt der Inkas 265

Im 11. Jahrhundert gründeten auf dem Gebiet des heutigen Peru Ketschua-Indianer aus dem Norden den Inka-Staat, dessen Hauptstadt Cuzco auf einer Hochebene der Anden lag.

Im 16. Jahrhundert erreichten die spanischen Eroberer unter der Führung von Francisco Pizarro die Hauptstadt der Inkas. Diese Stadt in einem hochgelegenen Tal der Anden hatte 20 000 Einwohner und war durch rechtwinklig zueinander verlaufende Straßen in vier Viertel geteilt, von denen jedes einer der vier Himmelsrichtungen entsprach. Die Mauern bestanden aus zugehauenen, ohne Zement aneinandergefügten Steinen. Ein gewaltiges Bollwerk schützte die Stadt. Von Cuzco aus zogen sich mehrere Straßen durch das Staatsgebiet, eine davon 2000 Kilometer lang! Die Inkastadt, zerstört und ausgeraubt, besteht heute nur noch aus Ruinen neben der von den Eroberern neu gegründeten und von den Peruanern modernisierten Stadt, aber diese Ruinen sind Geschichte.

Die Sorbonne 266

Der weitläufige Gebäudekomplex der Sorbonne in Paris beherbergt Institute und Lehrsäle der Universität der französischen Hauptstadt. Sie ist und bleibt Symbol für Studium und Kultur.

Ein Priester, Robert de Sorbon, gründete im 13. Jahrhundert ein Kolleg, dem er seinen Namen verlieh. Richelieu ließ zwischen 1625 und 1642 das Gebäude wiederherstellen und erweitern. Mitten im Quartier Latin von Paris gelegen, beherbergt die Sorbonne Vorlesungssäle, in denen vornehmlich Literatur und Wissenschaft auf hohem Niveau gelehrt werden. Da sie trotz ihrer Weitläufigkeit bald zu klein wurde, um alle Studenten von Paris aufzunehmen, wurden ihr weitere Gebäude in der Hauptstadt wie auch in der näheren Umgebung der Stadt zugeordnet. Die Kapelle, zu der Richelieu den Grundstein legte, enthält das Grab des Kardinals mit einer Skulptur von Girardon (1694), die die Wissenschaft zu Füßen des großen Mannes darstellt.

Der Läufer von Marathon 267

Bei den alle vier Jahre stattfindenden Olympischen Spielen gibt es einen kraftzehrenden Laufwettbewerb zur Erinnerung an den griechischen Boten, der in einem Zug die 42 km zwischen Marathon und Athen bezwang.

490 v. Chr. schickte der Perserkönig Darius sich an, Athen zu belagern und Griechenland zu erobern. Um zu landen und sein Feldlager zu errichten, wählte er die Küstenebene von Marathon nordwestlich von Athen aus. Die von Miltiades befehligte griechische Armee überrumpelte die Perser dort und tötete 6000 Soldaten. Die hastig auf die Schiffe geflüchteten Reste der persischen Armee steuerten aber auf Athen zu. Miltiades schickte einen gewissen Philippides nach Athen, um den Sieg zu verkünden und zugleich vor dem bevorstehenden Angriff der Perser zu warnen. Der Läufer von Marathon legte ohne Rast 42 Kilometer zurück, überbrachte die Botschaft und stürzte vor Erschöpfung tot zu Boden.

Nimes, gallisch-römische Stadt 268

Nîmes trägt den glorreichen Namen eines französischen Rom. Als wahres Museum römischer Geschichte besitzt diese Stadt zahlreiche gallisch-römische Baudenkmäler, die noch völlig erhalten oder geschickt restauriert sind.

Nirgendwo hat die römische Besatzung Galliens mehr Bauwerke ihrer Zivilisation hinterlassen als in Nîmes: die heute noch zu Vorführungen benutzten Arenen des Amphitheaters, die Maison Carrée in Form eines Tempels, die heute das Altertums-Museum beherbergt, Anlagen eines antiken Brunnens, dessen sprudelnde Wasser eine Reihe von Becken, ehemalige römische Bäder, füllen, den sogenannten Tempel der Diana, Hauptgebäude der antiken Thermen, den römischen Wasserturm, an dem der Aquädukt Pont du Gard endete, den Magnusturm, einziger von neunzig Türmen, die einst zum Mauerring gehörten... Das alles sind großartige Erinnerungen an die Pracht der Antike.

Das antike Byzanz 269

Vor den Toren Asiens, zwischen dem Schwarzen Meer und dem Mittelmeer, gründeten sieben Jahrhunderte vor Christus einige griechische Siedler Byzanz, die Stadt, die die Meerenge des Bosporus beherrscht.

Byzanz ist unter drei verschiedenen Namen bekannt: Als Byzanz war es die Hauptstadt des oströmischen Reiches und Rivalin Roms; als Konstantinopel nach Kaiser Konstantin benannt, der es nach dem Niedergang Roms zur christlichen Hauptstadt machte; und schließlich Stanbul oder Istanbul, als großer muselmanischer Hafen, der 1453 in einer heftigen Schlacht von den Türken erobert wurde. Durch seine besondere Lage war dieser Hafen immer ein wichtiges Handelszentrum für den Austausch von Produkten des Orients und Okzidents: Teppiche, Stoffe, Schmuckwaren, Seiden, kostbare Steine, Gewürze, Industriewaren.

Karthago, Rivalin Roms 270

Karthago war eine Stadt der Antike in Nordafrika, die die Phönizier nahe des heutigen Tunis errichtet hatten. Sie machte den Griechen und Römern das Handelsmonopol im Mittelmeerraum streitig.

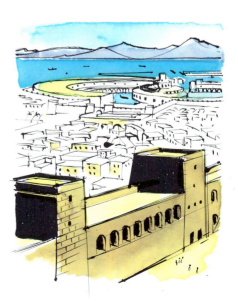

Als die Phönizier um 814 v. Chr. Karthago gründeten, konnten sie nicht ahnen, daß diese Stadt sieben Jahrhunderte lang Geschichte machen würde. Sie nannten sie „Qart Hadash", Neue Stadt. Die Bewohner von Karthago widersetzten sich den Griechen in Spanien und Ligurien (Italien) und vor allem den Römern in den drei Punischen Kriegen. Die letzte Belagerung von Karthago dauerte drei Jahre (149 bis 146 v. Chr.). Dabei wurde beachtliches Kriegsmaterial eingesetzt: bewegliche Türme über den Wällen, Rammblöcke, Katapulte, Wurfmaschinen, mit denen sich schwere Wurfgeschosse und brennende Gegenstände zum Feind hinüberschleudern ließen. Nach der Eroberung wurde die Stadt völlig zerstört.

Der Fels von Gibraltar 271

Gibraltar ist eine englische Besitzung im Süden Spaniens. Dieser Fels und sein Gegenüber in Marokko beherrschen eine Meerenge, die Westeuropa von Nordafrika trennt. Im Altertum nannte man die Felsen die „Säulen des Herkules".

Seit 1704 sind die Engländer im Besitz des Felsens von Calpé (oder Gibraltar). Dieses Felsmassiv aus Kalkstein und rotem Sandstein ist 4500 m lang, 425 m hoch und maximal 1400 m breit. 25 000 Einwohner leben auf Gibraltar, trinken das sorgsam in Zisternen aufgefangene Wasser oder verwenden destilliertes (sogenanntes sanitäres) Wasser. Der Fels wurde in eine von Kanonen starrende Festung mit Kasematten und im Bergineren verlaufenden Gängen von insgesamt 40 km Länge verwandelt. Eine große Zahl halbzahmer Affen treiben sich frei herum und betteln die Touristen um Leckerbissen an. Das Klima, besonders im Sommer, ist für die Tiere günstig.

Die Große Mauer 272

Um ihr Reich gegen die Invasion von Barbaren zu schützen, ließen die Herrscher Chinas im Norden des Landes eine 3 500 km lange Wehrmauer bauen. Diese Große Mauer ist zeitausend Jahre alt.

Lange vor dem Beginn der christlichen Zeitrechnung reizte die chinesische Zivilisation die Begehrlichkeit der Mongolen und Hunnen. So begann 221 v. Chr. der Kaiser Che Houang-ti mit dem Bau einer Mauer, die die Nordgrenze des Reiches schützen sollte. Millionen Menschen waren an den Bauarbeiten beteiligt. Die „Lange Mauer", wie die Chinesen sie nennen, besitzt Wachttürme, Schutzwehren und Tore. Touristen, die heute auf dem Wachgang spazierengehen, stellen fest, daß dort ohne weiteres ein Auto fahren könnte. Diese Straße auf der Mauer diente zur Versorgung und Ablösung der Wachmannschaften oder kämpfenden Soldaten.

Die Stadt Machupicchu 273

Die Ruinen von Machupicchu, einer Stadt des Inkareiches, wurde 1901 von einem amerikanischen Wissenschaftler auf einem Andengipfel im Süden Perus entdeckt.

In Machupicchu entstand das große Inkareich. Der Name bedeutete „Alter Gipfel". Auf diesem hochgelegenen und schwer erreichbaren Berggipfel hatten einige Stämme Zuflucht vor grausamen Feinden gesucht. Um das Jahr 300 entstand eine Stadt, deren Häuser sich zwischen den zum Ackerbau bestimmten Terrassen an die Bergflanken klammerten. Mit zunehmendem Wachstum hatte die Stadt nach einigen Jahrhunderten acht- bis zehntausend Einwohner. In ihrem Observatorium von Inti-Huantaru betrachteten die Menschen von Machupicchu die Sonne und beteten sie an. Wegen der Raumnot machte sich eine Expedition unter Maacocapac auf, stieg vom Berg und gründete Cuzco, die künftige Hauptstadt der Inkas.

Place de la Concorde 274

Zwischen den Champs-Elysées und dem Garten der Tuilerien in Paris liegt der schönste und größte Platz der Welt: Place de la Concorde, ein Rechteck von 360 auf 210 Meter.

Als Gabriel den Platz 1757 entwarf und ausstattete, hieß er nach Ludwig XV. und trug in seiner Mitte eine Bronzestatue des Königs. Der Platz war umgeben von einem Graben, dessen steinerne Balustraden noch heute zu sehen sind. Später wurde er zum Platz der Revolution. Ludwig XVI. wurde dort auf der Guillotine hingerichtet. 1795 hieß der Platz zum ersten Male Place de la Concorde, ehe er wieder die Namen Ludwigs XV. und später Ludwigs XVI. erhielt. Seit 1830 hat er dann ständig seinen heutigen Namen geführt. Zwei Kalais mit Säulenfassaden, zwei beleuchtete Brunnen und der Obelisk von Luxor schmücken diesen herrlichen Platz, der von acht Statuen, die andere Städte Frankreichs versinnbildlichen, umgeben ist.

Das schöne Persepolis 275

Zwischen dem Mittelmeeer, dem Kaspischen Meer und dem Persischen Golf erstreckt sich im Altertum das weite Reich der Perser, dessen von Darius gegründete Stadt Persepolis eine einmalige Sammlung von Königspalästen besaß.

Die Königsstadt, deren Bau im 6. Jahrhundert v. Chr. begann, umfaßte die Paläste des Darius, seines Sohnes Xerxes und Enkels Artaxerxes. Diese Bauten standen auf einem 13 m hohen künstlichen Hügel, auf dem man eine Terrasse von 473 auf 86 m geschaffen hatte. Man erreichte ihn zu Fuß über eine weitläufige Doppeltreppe, mit dem Wagen über eine sanft ansteigende Rampe. Der herrliche Empfangssaal des Darius, dessen Dach von hundert 11 m hohen Säulen getragen wurde, konnte 10 000 Menschen fassen. Alexander der Große, König von Mazedonien, zerstörte 331 v. Chr. Persepolis durch Brand und vernichtete damit unschätzbare Kunstwerke und kostbare Zeugnisse der antiken Geschichte.

Das Kolosseum der Flavier 276

Das Kolosseum, dessen Bau 72 n. Chr. begonnen und 80 abgeschlossen wurde, war das größte Amphitheater der Antike. Seine großartige Ruine steht mitten in Rom.

Die Römer nannten das Bauwerk den „Koloß" — daher der Name Kolosseum. Von Vespasian begonnen, von Titus eingeweiht, wurde es von Domitian endgültig vollendet. Die Familie der Flavier wollte mit diesem Amphitheater die Torheiten Neros aus der Erinnerung tilgen. Das Bauwerk erhielt gigantische Ausmaße: Einen Umfang von 527 m, eine Länge von 188 und eine Breite von 156 m. 100 000 Zuschauer konnten an den dort gebotenen Gladiatorenkämpfen und verschiedensten Wettspielen teilnehmen. Zur Gedächtnisfeier an die Gründung Roms dauerten die dort stattfindenden Festlichkeiten mehr als hundert Tage! Mehrere Erdbeben konnten das Kolosseum nicht zerstören, aber viele seiner Steine wurden zum Bau von römischen Villen und Palästen verwendet ...

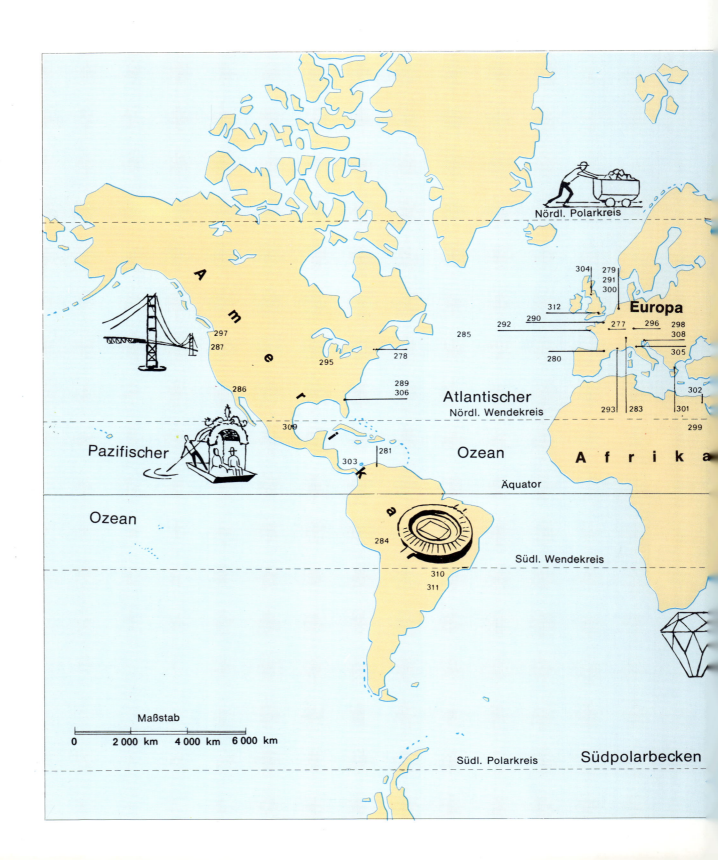

Errungenschaften der Menschheit

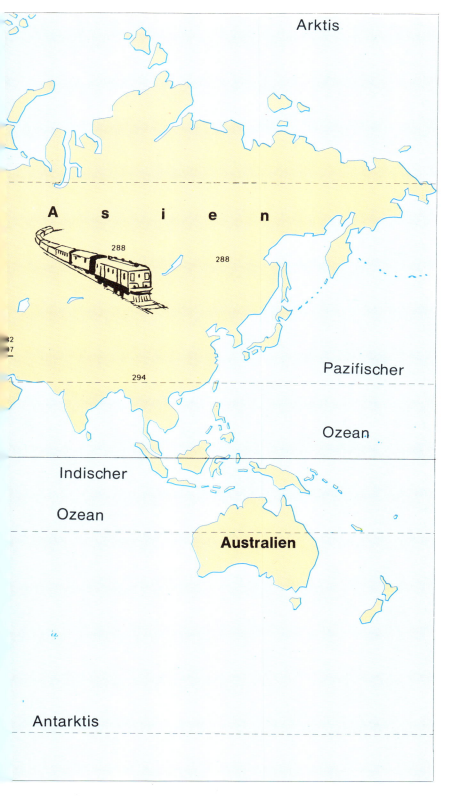

Mit seinen Händen hat der Mensch das geschaffen, was als Idee in seinem Gehirn entstand. Zu allen Zeiten hat er seinen Erfindungsgeist und seinen Fleiß bewiesen, ob es sich nun darum handelte, das Feuer zu beherrschen oder die Atomenergie zu zähmen. Nachdem er sich die Kräfte der Natur unterworfen hatte, zwang er sie, für ihn zu arbeiten. Kein noch so gewaltiges Projekt läßt ihn den Mut verlieren: Er überlegt, wie es zu verwirklichen ist, und verschiebt nur auf morgen, was nicht am gleichen Tag erreicht werden kann. Wie hätte er sonst wohl die Kraft aufgebracht, den Lauf der Flüsse zu verändern, Berge zu versetzen und Kontinente zu trennen?

Der Eiffelturm 277

Der Eiffelturm ist in aller Welt bekannt, und wenn er vom Ästhetischen her auch nicht ungeteilte Zustimmung findet, so ist seine aufstrebende Silhouette doch zum Wahrzeichen von Paris geworden.

Der Turm wurde 1889 zur Weltausstellung von dem Ingenieur Gustave Eiffel, einem Initiator der Metallbauweise großen Ausmaßes, konstruiert. Er war damals 300 m hoch, erreicht aber heute mit seiner Fernsehantenne eine Höhe von 320,75 m. Der Turm besteht aus 7700 Tonnen Eisen, und zu seiner Montage wurden 2 500 000 Nieten benötigt.

Auf seinen drei Plattformen in 57, 115 und 267 m Höhe bewundern die Touristen das Panorama von Paris und Umgebung. Im höchsten Gipfel des Turmes hatte der Ingenieur Eiffel einen Raum einrichten lassen, von dem aus der General Ferrier die ersten französischen Sendungen für die Rundfunkhörer von Paris ausstrahlen ließ.

Das höchste Gebäude 278

Das Empire State Building in New York entstand zwischen Oktober 1929 und April 1931. Es ist genau 448,66 m hoch.

Dieses Gebäude, das so hoch ist wie eineinhalbmal der Eiffelturm, endet in einer Turmspitze, die ursprünglich dazu bestimmt war, Luftschiffe zu stauen. Zu den 102 Etagen führen Dutzende von Aufzügen. Tausende von Handelsbüros liegen in diesem New Yorker Hochhaus, das noch von einigen anderen Riesen umgeben ist: dem Chrysler Building mit 313 m, dem Pan American Building mit 249 m, der Bank von Manhattan mit 270 m, dem Rockefeller Center mit 255 m und dem Woolworth-Haus (bekanntes Kaufhaus der niederen Preisklasse) mit 237 m. Allerdings ist auch ein Quadratzentimeter Grundfläche in Manhattan etwa ebenso teuer wie ein Quadratmeter in Paris!

Der Euromast 279

Der Euromast, ein moderner Turm aus Beton, ragt 104 m über dem Hafen der holländischen Stadt Rotterdam auf und zeigt den Besuchern das Panorama der Stadt.

Nach der Welle der Turmkonstruktionen aus Metall von Paris und Tokio folgte die der Betontürme. Der Euromast hat die Form eines Wasserturms, der Terrassen und ein Restaurant trägt. Zur Internationalen Blumenausstellung 1960 erbaut, orientierte er sich an dem 1956 errichteten Stuttgarter Fernsehturm, dessen Antennen 211 m hoch reichen.

Dieser zylindrische Mast mit einem Durchmesser von 10 m an der Basis hat in 136 m Höhe ein vierstöckiges Restaurant, in dem 600 Personen bei einem Imbiß die Aussicht bewundern können. Bleibt noch zu erwähnen, daß den Besuchern ein schneller Aufzug zur Verfügung steht.

Der Sonnenofen 280

In den westlichen Pyrenäen liegt die kleine Stadt Mont-Louis, der sonnenreichste Ort Frankreichs. Man wählte sie zu Experimenten mit einem Sonnenofen aus.

In Mont-Louis, einer Festungsstadt, die von Vauban gegründet wurde, gibt es eine alte Zitadelle. Der französische Physiker Trombe baute dort 1953 einen zu Versuchen bestimmten Sonnenofen, der als der bedeutendste seiner Art betrachtet wird: Er besteht aus zwei riesigen Spiegeln. Der eine, 135 Quadratmeter groß und plangeschliffen, folgt dem Lauf der Sonne und wirft deren Strahlen dem zweiten Spiegel zu, einem Parabolspiegel von 12 Tonnen Gewicht und aus 5500 Spiegelflächen zusammengesetzt, die eine Gesamtfläche von 90 Quadratmetern haben. Im Brennpunkt dieses Spiegels kann man allein durch die Sonneneinstrahlung mehr als 3000° erreichen. Diese kostenlose Energie läßt sich zu vielen Zwecken verwenden und auch in elektrischen Strom umwandeln.

Die Bohrtürme von Maracaibo 281

An der Küste Venezuelas öffnet sich der Golf von Maracaibo, der mit einer riesigen Lagune verbunden ist. Unter seinem salzigen Wasser hat man Petroleum entdeckt.

Von der Einfahrt zum Golf bis zum Ende der Lagune von Maracaibo sind es 400 Kilometer, und dieses landeinwärts gelegene Meer hat stellenweise eine Breite von 200 Kilometern! Als 1499 der Italiener Amerigo Vespucci die Lagune entdeckte, dachte er sofort an die Lagune von Venedig und gab dem Land den Namen Venezuela — Klein Venedig. Aber auf dem Golf fahren keine Gondeln. Seit 1917 sind Zehntausende von Bohrlöchern in den Meeresgrund getrieben worden, und die Flotte, die die Lagune durchfährt, besteht aus Tankern, Docks und schwimmenden Plattformen mit Bohrtürmen darauf. Nach den Vereinigten Staaten und Rußland ist Venezuela der drittgrößte Ölproduzent der Welt...

Der Turm von Babel 282

Babel ist der biblische Name für Babylon. Nahe dem Euphrat wurde dort ein Turm mit mehreren Etagen gebaut, der, so glaubte man, dem Gott Marduk als Wohnstätte dienen sollte.

Um als Bindeglied zwischen Himmel und Erde zu dienen und es dem Gott Marduk zu ermöglichen, in das obere Heiligtum herabzusteigen, ließen die Könige von Babylon in Mesopotamien (Irak) einen Stufenturm errichten. Seine quadratische Grundfläche hatte eine Seitenlänge von 90 m. Der Turm selbst bestand aus sieben abgestuften Stockwerken. 85 Millionen Ziegelsteine ließen den Turm neunzig Meter hoch wachsen. Über eine Treppe gelangten die Gläubigen zur ersten Terrasse. Nur die Priester durften auch die höheren Etagen betreten. Die Zerstörung des Turms 479 v. Chr. bleibt ein biblisches Symbol gegen den menschlichen Stolz: Es heißt, Gotte habe, indem er ihre Sprache verwirrte, die Erbauer gehindert, den Sitz Gottes zu erreichen.

Die höchste Drahtseilbahn 283

Die höchste Drahtseilbahn vom Aiguille du Midi ab Chamonix in Frankreich bringt die Passagiere bis 3 800 m hoch über die Alpen nach Courmayeur in Italien.

Die höchste Drahtseilbahn der Welt macht es möglich, einen der Gipfel des Mont-Blanc-Massivs zu erreichen, den 3843 m hohen Aiguille du Midi. Der Passagier beginnt die Fahrt in dem 1030 m hoch gelegenen Tal von Arve bei Chamonix in einer bequemen Kabine. Schon wenige Minuten später ist er in 2030 m Höhe über Gebirgstälern, bis er die Aiguilles erreicht, wo sich eine Wetterstation befindet. Auf Wunsch kann er sich mit einer weiteren Drahtseilbahn mit sechzehn Kabinen zum Col de Géant und seinem 3369 m hoch gelegenen Einsiedlerhotel begeben. Eine dritte Drahtseilbahnstrecke bringt den staunenden Touristen hinunter nach Courmayeur im Tal von Aosta in Italien.

Die höchste Eisenbahnstrecke 284

In Peru wurde die höchste Eisenbahnstrecke der Welt gebaut. Sie überwindet die Gebirgskette der Anden zwischen den Städten Lima und La Oroya.

Der Bau der Eisenbahnstrecke in Peru war schwierig wegen der dort herrschenden größten Höhenunterschiede der Welt. Man mußte vom Meeresspiegel aus bewohnte Hochebenen in mehr als 4000 m Höhe erreichen. Das erforderte die Anlage einer großen Zahl von Kurven, Tunnels und Viadukten, besonders für die Strecke zwischen der Hafenstadt Lima und der Stadt La Oroya.

Die Eisenbahn keucht 4774 m hoch hinauf, und selbst die modernsten Lokomotiven haben Mühe, manche Steigungen von mehr als 15% zu überwinden. In dieser Höhe wird die Luft sauerstoffarm, und so fährt ein Krankenwärter im Zug mit, um Reisenden bei Übelkeit mit einer Atemmaske zu helfen. Ausländische Touristen müssen ihn oft in Anspruch nehmen.

Der Satellit Early Bird 285

Der amerikanische Satellit Early Bird kreist in 24 Stunden einmal um die Erde, ist also mit der Erddrehung synchronisiert, so daß er am Himmel stillzustehen scheint.

Um Fernsehübertragungen von einer Erdseite zur anderen zu ermöglichen, hat man Nachrichtensatelliten in den Weltraum geschossen. Die Besonderheit der amerikanischen Geräte ist, daß sie mit der Erde und in der gleichen Geschwindigkeit wie diese kreisen — auf diese Weise stehen sie scheinbar bewegungslos am Himmel. Early Bird ist oberhalb des Atlantiks, direkt zwischen Afrika und Südamerika, stationiert, Lani Bird befindet sich über Polynesien. Da sie 35 000 km von der Erde abstehen, strahlen sie die empfangenen elektromagnetischen Wellen auf weite Bereiche aus — Early Bird zum Beispiel auf ganz Nordamerika und Europa, Lani Bird auf Amerika, Asien und Australien. Ein dritter Satellit „versorgt" Afrika.

Das Observatorium Mount Palomar   286

In Kalifornien liegt auf dem Mount Palomar in 1871 m Höhe das größte Observatorium der Welt, in dem es auch das größte Teleskop gibt.

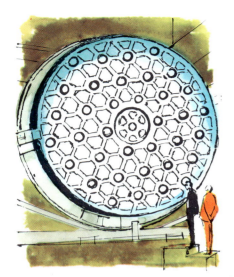

Das astronomische Observatorium vom Mount Palomar ist das „Auge der Erde" von höchster Präzision und Vergrößerungskraft. Man verwendet dort das größte Teleskop, das je gebaut wurde. Es besitzt einen perfekt gewölbten Konkavspiegel von 5 m Durchmesser. Dank dieser Öffnung hat man Gestirne mit maximaler Vergrößerung beobachten und fotografieren können, ohne daß die üblichen störenden Verzerrungen dabei auftraten. Seit seiner Inbetriebnahme 1948 hat das Auge vom Palomar Sterne entdeckt, die eine Milliarde Lichtjahre entfernt sind. Dadurch wurde der Raum des bekannten Universums vergrößert und zahlreiche neue Galaxien entdeckt.

Die Golden Gate Bridge   287

Die Golden Gate Bridge ist eine riesige Straßenbrücke über die enge Einfahrt, das Goldene Tor, in die Bucht von San Francisco.

San Francisco der größte amerikanische Hafen am Pazifik, entwickelte sich auf der Halbinsel, die den Ozean von der tief eingeschnittenen Bucht von San Francisco (80 km) trennt. Nur über eine Meeresstraße, das sogenannte Goldene Tor, gelangen die Schiffe in den Hafen. Über diese Meeresstraße hinweg hat man von 1933 bis 1937 eine der längsten Hängebrücken der Welt gebaut. Ihre Fahrbahn liegt 67 m über dem Meeresspiegel. Die Gesamtlänge der Brücke beträgt 1965 m, die hängende Jochweite davon allein 1280 m. Als Träger für die Brücke mußten zwei Pfeiler von je 210 m gesetzt und ein eindrucksvolles Netz mächtiger Stahltrossen gespannt werden.

Die Transsibirische Eisenbahn   288

Um das gewaltige Rußland von Ost nach West zu durchqueren und Moskau und den Ural mit dem Japanischen Meer zu verbinden, baute man das Streckennetz der Transsibirischen Eisenbahn.

Die Transsibirische Eisenbahn hat die längste Eisenbahnstrecke der Welt: Sie fährt etwa neuntausend Kilometer weit, um Moskau mit der großen russischen Hafenstadt Wladiwostok am Japanischen Meer zu verbinden. Zahlreiche Parallelstrecken zu der Hauptlinie vervollständigen an bestimmten Stellen das Netz der Transsibirischen Eisenbahn und haben in Gegenden, die früher wüst und unbewohnt waren, neue Städte und Industrien entstehen lassen. Die erste Strecke, deren Bau 1891 begann, wurde erst 1906 fertiggestellt. Auch heute noch brauchen die komfortablen Schnellzüge acht Tage, um die Strecke Moskau-Wladiwostok zu bewältigen, weshalb manche Leute es vorziehen, mit Flugzeugen der russischen Fluggesellschaft „Aeroflot" zu reisen.

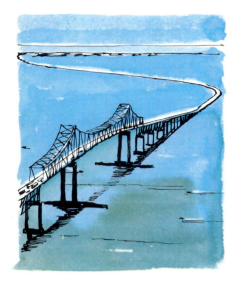

Die Straße der Key-Inseln 289

Eine ungewöhnliche Straße verbindet auf einer Strecke von 160 km eine Inselreihe im Golf von Mexiko, die von der Halbinsel Florida bis zu der Insel Key West reicht.

Die Key-Inseln sind Kalkstein- und Koralleninseln, die nicht weit von Miami an der amerikanischen Küste entlang liegen. Ohne sein Lenkrad aus der Hand geben zu müssen, kann ein Autofahrer die entfernteste dieser Inseln auf einer Straße zwischen Himmel und Meer erreichen. Tatsächlich passiert ab Key Largo die 160 km lange Straße das Meer von einer Insel zur anderen mit Hilfe von Brücken und Deichen. Manche Viadukte sind zwischen 2 und 4 Kilometer lang. Auf bis zu 50 m hohen Betonpfeilern liegt die Straße weit ausladend über den Wellen. Sportfischer schätzen die Straße besonders, weil sie auf ihr bis nach Key West gelangen; dort können sie Meeresschildkröten, Schwertfische und riesige Thunfische fangen.

Die Brücke von Tancarville 290

Wenn man zwischen Le Havre und Rouen die Seine überqueren wollte, mußte man bis 1959 die Fähre benutzen. Inzwischen überspannt die Brücke von Tancarville den Fluß.

Die 1955 in Angriff genommene Brücke von Tancarville ist eine der größten Europas. Sie hat eine Gesamtlänge von 1420 m und hängt zwischen zwei Pfeilern von 121 und 123 m, die an den Ufern des Flusses stehen und 608 m voneinander entfernt sind. Die Fahrbahn liegt so hoch über dem Fluß, daß die größten Transportschiffe in Richtung Rouen ungehindert passieren können. Auf der Straße können in beiden Richtungen die Autos zweispurig verkehren, was eine Verkehrskapazität von 4 000 Wagen pro Stunde ermöglicht. Diese riesige Brücke, die zur Touristenattraktion geworden ist, verringert die Entfernung zwischen Le Havre und Caen um 100 km und macht einen Teil der Fährboote überflüssig.

Der große Deich 291

Um dem Meer anbaufähiges Land abzuringen, haben die Holländer einen dreißig Kilometer langen Deich gebaut, der die alte Bucht der Zuiderzee abriegelt und sie zu einem riesigen See macht.

Der Große Deich, ein von den Holländern errichteter Staudamm aus Felsgestein und Erde, riegelt die große Bucht der Zuiderzee von der Nordsee ab. Der Deich ragt 7,50 m über dem durchschnittlichen Wasserstand des Meeres auf und besitzt außer einer mit Rasen bedeckten Böschung einen Radfahrweg, einen Fußgängersteg und eine breite Straße, die die Provinz Friesland direkt mit Holland verbindet. Der 1918 begonnene Deichbau wurde erst am 28. Mai 1932 vollendet. Ein mitten darauf errichtetes Denkmal erinnert an den glorreichen Tag, als eine Meeresbucht von 525 000 Hektar zum einfachen Ijselsee wurde, dessen Salzwasser ganz allmählich durch das Süßwasser der Flüsse ersetzt werden mußte.

Das erste Gezeitenkraftwerk 292

Ein 720 m langes Gezeitenkraftwerk überspannt zwischen zwei Landzungen in der französischen Bretagne die Mündung des Flusses Rance.

Dieses erste Gezeitenkraftwerk wurde zwischen 1961 und 1966 errichtet und ist dazu bestimmt, die aus dem Höhenunterschied zwischen Ebbe und Flut stammende Energie auszunutzen. Es teilt vom Meer ein 22 Quadratkilometer großes Becken mit einem Fassungsvermögen von 185 Millionen Kubikmetern Wasser ab. Wie es bei der Strömung eines großen Flusses der Fall wäre, lassen Zufluß und Rückfluß die Turbinen von 24 Zwiebelaggregaten kreisen und erzeugen mehr als 500 Millionen Kilowattstunden. Die Wucht der Gezeiten in diesem Gebiet ist so stark, daß ein einziges Kraftwerk, das in der Bucht des Mont Saint-Michel errichtet würde, ein Drittel des gesamten französischen Stromverbrauchs decken könnte. Das Kilowatt aus dem Meer scheint also eine vielversprechende Zukunft zu haben.

Der Rove-Tunnel 293

Unter den Bergen von Estaque, die das große Mittelmeerbecken von Berre vom Seehafen Marseille trennen, hat man den Rove-Kanal angelegt.

Durch den Tunnel von Rove ist der Kanal zwischen Marseille und der Rhône direkt mit dem Meer und dem Becken von Berre verbunden. Dieser Tunnel-Kanal ist 7266 m lang und hat für einen so langen Kanal die auf der Welt einmalige Breite von 22 m, damit auch große Schiffe ihn benutzen können. 1963 wurde der Verkehr wegen eines Erdrutsches eingestellt, der solche Schäden verursachte, daß die Reparaturarbeiten sieben Jahre dauerten. Dank des Rove-Kanals vergrößert sich die Hafenausdehnung Marseilles um das ganze Becken von Berre, das auf mehr als 6000 Hektar eine Tiefe von 8 m hat. Auch der benachbarte Hafen von Fos vergrößert noch die Kapazität des Marseiller Hafens, so daß auch die größten Öltanker Aufnahme finden.

Die Straße von Burma 294

Während des Weltkrieges von 1939—1945 machte es eine in die Geschichte eingegangene Straße den Chinesen möglich, ihre Handelsbeziehungen zu Europa aufrechtzuerhalten.

Die Straße mußte die Berge des Koa-Li-Kung und das Massiv des Yunnan überqueren, um die Verbindung Chinas zu den Häfen Burmas am Golf von Bengalen sicherzustellen. Um die Stadt Lashio mit der 275 Kilometer entfernten chinesischen Grenze zu verbinden, war eine 1300 Kilometer lange Straße notwendig, und da es an modernen Hilfsmitteln fehlte, mußten 150 000 Chinesen in einfachen Körben Erde und Gestein transportieren und mit bloßen Händen diese gewaltige Arbeit vollbringen. Sie arbeiteten zwei Jahre 1938—1939) in einem grausamen Klima, bei dem strengste Kälte plötzlich mit großer Hitze wechselt, absolute Trockenheit mit heftigen Wolkenbrüchen... Das bewundernswerte Werk ist heute durch natürliche Erosion und unvermeidliche Überwucherung zerstört.

Das Tal des Tennessee 295

Der amerikanische Fluß Tennessee fließt in den Ohoi, der seinerseits ein Nebenfluß des großen Mississippi ist. Sein einst so gefürchteter Wasserreichtum im Frühjahr wurde gebändigt.

Die plötzlichen und heftigen Überschwemmungen des Tennessee und seiner Nebenflüsse, die sich im Frühjahr über die Täler ergossen, trugen alles fort und machten sämtliche Versuche zunichte, ständige Einrichtungen und Ackerbau großen Ausmaßes zu betreiben. Dabei war diese Erde fruchtbar und gut! 1933 entschied die TVA (Tennessee Valley Authority), die Flüsse zu zähmen: Man baute 21 Staudämme, von denen 6 die Wasser in riesigen Reservoir-Seen zurückhielten. Dieses Wasser wird je nach Bedarf freigegeben zur Bewässerung der Felder in der Trockenzeit und zur Erzeugung von elektrischem Strom. Zwanzig Jahre Arbeit waren nötig, um dem benachteiligten Gebiet zu helfen und ihm landwirtschaftliche und industrielle Möglichkeiten zu erschließen.

Der Staudamm der Dixence 296

Der höchste Staudamm der Welt staut die Wasser des schweizerischen Flusses Dixence bei Sion im Wallis in einer Höhe von 2400 m.

Der 1965 vollendete Staudamm besitzt die höchste Staumauer der Welt: Sie mißt 284 m! Aus Beton gegossen, ist sie 752 m lang und an ihrem oberen Rand 22 m breit, während die Basis fast 200 m mißt. Mit den 6 Millionen Kubikmetern Beton, aus denen sie besteht, könnte man die zwei größten Pyramiden Ägyptens erbauen. Ihr Becken fängt die Wasser des Cervin, des Mont Rose, der Dent Blanche und anderer bekannter Gipfel auf. Eine Drahtseilbahn bringt die Touristen bis hinauf zum höchsten Punkt des Staudamms, wo sie einen herrlichen Blick auf den See haben, auf dem sie dann später mit dem Motorboot fahren können.

Der Staudamm von Grand-Coulée 297

Im Staate Washington, im Osten der USA, reguliert der umfangreichste Betonstaudamm der Welt den amerikanischen Columbia-Fluß.

Es gibt mehr als zehntausend große Staudämme auf der Welt, aber der 1942 fertiggestellte von Grand-Coulée verdient aus mehreren Gründen unsere Aufmerksamkeit. Er ist nicht nur der umfangreichste (8 Millionen Kubikmeter Beton, aus denen man 150 m hohe Arc de Triomphe in Paris bauen könnte!), sondern mit 1272 m auch der längste. Mit seiner 168 m hohen Staumauer begrenzt er einen künstlichen See, der den Namen Franklin-Delanoe-Roosevelt trägt und 6 Milliarden Kubikmeter Wasser faßt. Im Frühjahr würde der Staudamm den Lachsen den Weg zu den Quellen versperren, wenn es nicht einen mechanischen Aufzug gäbe, der sich automatisch in Betrieb setzt, sobald er mit einem ausreichenden Gewicht an Fischen beladen ist. Sogar die Lachse bekommen den Fortschritt zu spüren!

Der Canale Grande   298

Venedig, die Perle Italiens, wird von 177 Kanälen durchzogen. Seine Hauptstraße ist der Canale Grande, an dem die schönsten und berühmtesten Wohnhäuser der Venetianer stehen.

Mit seinen 3800 m Länge hat der Canale Grande eine Breite zwischen 30 und 70 m. Da er nicht sehr tief ist (höchstens 5 m), können auf ihm nur Gondeln verkehren, Motoscafi (Taxiboote), Vaporetti, kleine Dampfer und schwimmende Omnibusse. Nur drei Brücken überspannen den Canale Grande, von denen die berühmte Rialtobrücke einen einzigen Bogen von 48 m bildet. Diese Brücke trägt drei parallel verlaufende Straßen, deren mittlere von Boutiquen gesäumt ist. Erbaut wurde sie zwischen 1588 und 1592. Die meist aus rosa und weißem Marmor gebauten Paläste am Canale Grande stehen auf Pfahlwerk. Ihre prächtigen, dem Wasser zugewandten Fassaden bieten dem Betrachter den Anblick der verschiedensten großartigen Architekturstile.

Der Staudamm von Assuan   299

Auf seinem Weg durch Ägypten macht der Nil durch seine Überschwemmungen einen breiten Landstreifen zwischen zwei Wüsten fruchtbar. Der neue Assuan-Staudamm reguliert den Flußlauf und verteilt den wohltätigen Wasserüberfluß auf das ganze Jahr.

Außer zur Stromerzeugung sind die wichtigsten Staudämme am Nil dazu bestimmt, den Wasserüberfluß zu speichern, um ihn im geeigneten Augenblick über ein Netz von Bewässerungskanälen zu verteilen. Der neue Assuan-Staudamm (Sadd al-Ali genannt) ist ein gewaltiges Projekt, das für die Aufnahme von 150 Milliarden Kubikmeter Wasser mit seinem künstlichen See die gleiche Fläche wie Belgien bedeckt. Da sein oberer Wasserstand eine beachtliche Anzahl antiker Baudenkmäler überspült hätte, mußten diese verlagert werden, wie zum Beispiel der Tempel von Abu Simbel. Durch den Staudamm verschwindet der zweite Katarakt von fünf Kilometern Länge und hundert Metern Höhe.

Das Land der Polder   300

Im Norden Westeuropas bilden die flachen, ebenen Landstriche, die oft unter dem Niveau der Flut liegen, einen Teil des holländischen Staatsgebiets.

Eine Provinz der Niederlande hat ihr Land zum großen Teil aus dem Meer erobert und gegen das Eindringen von Süß- und Salzwasser energisch verteidigt. Die flachen, fruchtbaren Landstriche der Polder waren einst vom Meer überspült. Man mußte sie mit hohen Deichen umgeben, sie von dem abgeriegelten Wasser entleeren (was mit Hilfe von Windmühlen geschah) und den Boden entsalzen und austrocknen, um ihn zum Nutzland zu machen. Die Polder sind heute mit fetten künstlichen Weiden bedeckt, mit herrlichen Blumenfeldern und langen Reihen von Gewächshäusern, in denen Obst und Gemüse gedeihen. Aber die Holländer sind ständig auf der Hut: Das eifersüchtige Meer könnte einen Deich durchbrechen und sich sein Land wiederholen, wenn nicht gar die Flüsse die Polder überschwemmen!

Der Kanal von Korinth 301

Der Golf von Athen und der tiefe Golf von Korinth in Griechenland sind nur durch eine schmale felsige Landenge voneinander getrennt. Gäbe es nicht den Kanal von Korinth, müßte man den ganzen Peloponnes umfahren.

Um aus dem Golf von Athen in den von Korinth zu gelangen und dabei die mehr als 200 km lange Umseglung um die Halbinsel des Peloponnes zu vermeiden, zogen die Griechen es vor, ihre Boote aus dem Meer zu hieven und sie über Holzschienen die 6300 m Landweg zwischen den beiden Buchten bewältigen zu lassen. Von 1883 bis 1893 wurde ein enger, geradliniger Kanal in den Felsen geschlagen, der das Ägäische mit dem Jonischen Meer verbindet. Da er nur 25 m breit ist, können große Schiffe ihn nicht benutzen. Mittelgroße werden von einem Lotsenschlepper hindurchgesteuert, wobei manchmal die Schiffsflanken nur wenige Zentimeter von den senkrechten Wänden des Kanals entfernt sind!

Der Suezkanal 302

Asien und Afrika waren miteinander durch eine Landenge von 160 km verbunden, die das Mittelmeer vom Roten Meer trennte. Indem er die beiden Meere miteinander verband, trennte der Suezkanal die Kontinente.

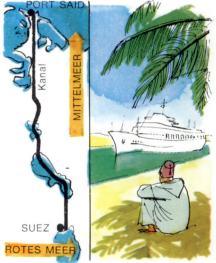

Die Seereise zwischen Europa und Indien wird um 9000 km oder 15 Tage verkürzt, wenn das Schiff den Suezkanal benutzt, anstatt um Afrika herumzufahren. Schon die Ägypter hatten zusammen mit den Phöniziern um 1300 v. Chr. einen Kanal gebaut, weil sie dessen Bedeutung erkannten. Zwischen 1859 und 1869 entstand unter Leitung des französischen Ingenieurs Ferdinand de Lesseps der heutige Kanal mit 161 km Länge, 100 m Breite u. 45 bis 100 m Tiefe. Mehr als tausend Techniker leiteten 25 000 Hilfsarbeiter an, damit dieses der Pharaonen würdige Werk auf ägyptischem Boden verwirklicht werden konnte. Die Einweihung fand am 16. 11. 1869 in großem Rahmen statt.

Der Panamakanal 303

Die beiden amerikanischen Kontinente liegen als lückenlose Sperre zwischen Atlantik und Pazifik. Aber der in Mittelamerika geschaffene Panamakanal gibt den Schiffen den Weg frei.

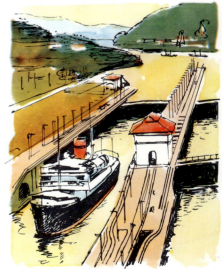

Der Panamakanal wurde 1880 von dem Franzosen Ferdinand de Lesseps begonnen und 1914 von amerikanischen Ingenieuren vollendet. Auf seinen 79,6 Kilometern Länge hat er überall eine Tiefe von mehr als 12 Metern, so daß Schiffe von weniger als 35 000 Tonnen ihn benutzen können. Vom Hafen Cristobal aus folgen sie dem geradlinigen Kanalverlauf 15 km weit, passieren dann drei Schleusen und erreichen in 26 m Höhe den Gatunsee, den sie durchfahren, ehe sie in den engen Culebra-Einschnitt gelangen, der eine 85 m hohe Felskette durchschneidet. Von dort aus geht es über drei Schleusen von 305 m Länge hinunter zum Pazifik. Die riesigen Öltanker allerdings können nicht durch den Culebra-Einschnitt fahren. Man plant, ihn eines Tages zu verbreitern und zu vertiefen.

Der Hadrianswall 304

Als die Römer Großbritannien besetzten, ließ Kaiser Hadrian zwischen England und Schottland einen 120 km langen Wall von der Irischen See bis zur Nordsee errichten.

Dieses wuchtige Bauwerk, das an die Große Mauer in China erinnert, wurde zwischen 122 und 126 von römischen Soldaten errichtet. Auf einem Erdfundament, das von einem 4 m tiefen Graben begrenzt wurde, ragte eine 4,50 m hohe und 2,50 m breite Steinmauer auf. Ein meterbreiter Pfad auf der Mauerkrone erleichterte Transporte und die Übermittlung von Nachrichten. In regelmäßigen Abständen errichtete Türme und Forts beherbergten die Wachtposten. Die Soldaten wohnten in 17 Kastellen entlang der Mauer. So konnten die Römer sich der Einfälle der wilden Pikten und Skoten aus dem Norden erwehren.

Der Ponte Vecchio 305

Florenz, bedeutendste Stadt der italienischen Provinz Toskana, hat eine seltsame, mit Häusern und Läden besetzte Brücke aufzuweisen: den Ponte Vecchio über dem Fluß Arno.

Der Ponte Vecchio (Alte Brücke) gehört zu den Sehenswürdigkeiten der Stadt. In kleinen Häusern, die auf seinen Bögen stehen, waren im Mittelalter die Metzger untergebracht. Seit dem 16. Jahrhundert sind sie ausschließlich den Goldschmieden der Stadt vorbehalten. Diese haben die Läden nach Belieben vergrößert, um dort auch wohnen zu können, und so hingen seltsame Behausungen schwankend über den Brückenpfeilern. Außerdem ließ der Großherzog von Florenz einen überdachten Gang über diesen Wohnungen einrichten. 1333 zerstörte das Hochwasser des Arno den Ponte Vecchio, aber er wurde unverzüglich wieder aufgebaut. Auch 1966 griff eine Überschwemmung die Brücke an, zerstörte Geschäfte und trug Schmuck und Kostbarkeiten mit sich fort.

Kap Kennedy 306

Am Strand von Florida bilden zwei sandige Landzungen, die sich in den Atlantik strecken, Kap Kennedy (früher Kap Canaveral), auf dem sich die amerikanische Abschußbasis für Weltraumkapseln befindet.

Unter dem klaren Himmel Floridas errichteten amerikanische Techniker eine Abschußbasis für Raketen und Weltraumkapseln zur Eroberung des außerirdischen Raumes. 1964 wurde nach dem Attentat auf Präsident Kennedy die Basis auf seinen Namen benannt, und man sagt heute auch „Kap Kennedy", wenn man deren Standort meint. Von dort aus starten Trägerraketen für künstliche Satelliten oder mit Kosmonauten besetzte Raumkapseln. Technische Einzelheiten über die hervorragenden Einrichtungen der Basis sind geheim, aber nach jedem wichtigen Start gehen Informationen darüber in alle Welt. Von der Kennedy-Basis aus startet man auch Satelliten für wirtschaftliche und meteorologische Zwecke im Auftrag anderer Nationen, wie Telstar oder Early Bird.

Die hängenden Gärten 307

Nicht weit von Bagdad im Irak lag einst die antike Stadt Babylon an den Ufern des Euphrat, eine Hauptstadt, die von ihrem König Nebukadnezar verschönt wurde.

Die hängenden Gärten von Babylon verdienten die Bezeichnung „Weltwunder". Wie eine rechteckige Pyramide zogen sie sich in aufeinanderfolgenden Terrassen in die Höhe, getragen von Pfeilern oder steinernen, mit Email überzogenen Bögen. Alle diese Stufenterrassen waren mit einer dicken, sorgfältig gedüngten Erdschicht bedeckt, auf denen eine üppige und vielfältige Vegetation gedieh: Obstbäume, Palmen, blühende Sträucher, grüne Kletterpflanzen und Blumen. Das Wasser, das bis zur obersten Terrasse hinauftransportiert wurde, floß in Kaskaden wieder hinunter und verbreitete eine für die Pflanzen wohltuende Frische in diesem herrlichen Garten der Königin von Babylon.

Die Glasbläser von Murano 308

Durch seine Glasmanufakturen war Venedig schon im 10. Jahrhundert weltberühmt. Man verlegte allerdings wegen der Brandgefahr alle Schmelzöfen auf die Nachbarinsel Murano.

Die Glasfabriken von Murano in der Lagune von Venedig stellen Glaswaren her, die in aller Welt berühmt sind und als Kunstgegenstände angesehen werden: feine Gläser, Vasen, Kronleuchter und Zierstücke. Man stellt dort ein Glas besonderer Art her, meist farbig, das die Eigenschaft hat, langsam zu erstarren, so daß es noch mit Werkzeugen bearbeitet, wieder erwärmt und verschweißt werden kann. Die Glasbläser von Murano haben das Milchglas erfunden, die gesprenkelten Perlen, das marmorierte Glas und das saphirblaue Kristall. Sie arbeiten noch immer nach alter Tradition, indem sie das Glas mit der Glasbläserpfeife formen.

Die Gärten von Xochimilco 309

Im Süden der mexikanischen Hauptstadt liegt ein seltsamer Marktflecken, von wo aus Gemüsegärtner und Blumenzüchter Mexiko mit Gemüse und Blumen versorgen. Es sind die malerischen schwimmenden Gärten von Xochimilco.

Xochimilco heißt eigentlich „Blumenfelder", und die schwimmenden Gärten oder Chinampas sind einfach bepflanzte Streifen Land in einer alten, weitläufigen Lagune, zwischen denen sich Süßwasserkanäle hinziehen. Am schönsten sind die Chinampas im Frühjahr, aber das ganze Jahr über kommen am Wochenende die Mexikaner in großen Scharen, um sich in den an den Ufern errichteten Schenken zu vergnügen. Auf den Trajineras, flachen Booten, die mit bogenförmigen Stoffdächern überspannt sind, kann man durch die Gärten fahren und eine typische Musik hören, die von ebenfalls auf dem Wasser umherfahrenden Kapellen gespielt wird. Dazu trinkt man irgend etwas, was in den schwimmenden Kneipen ausgeschenkt wird.

Brasilia, Stadt der Zukunft　　310

Auf der zentralen Hochfläche Brasiliens, 1 100 m hoch, entstand in einer bis dahin unbewohnten Gegend mit gemäßigtem Klima eine neue und moderne Stadt: Brasilia, Bundeshauptstadt Brasiliens seit 1960.

Brasilia ist die modernste aller Hauptstädte der Welt. In einem bis dahin verlassenen Gebiet wurde sie nach den neuesten technischen Erkenntnissen des Städtebaus erstellt: Funktionspläne, Verkehrsnormen, Plazierung der öffentlichen Einrichtungen, Aufteilung in Geschäfts- und Wohngebiete — das alles wurde mit Überlegung durchgeführt. Zeitgenössische Architekten haben erstaunliche Bauten geschaffen, indem sie die Möglichkeiten neuer Baustoffe nutzten. Als eine Stadt, die künstlich in einer landwirtschaftlich reichen, mit Bodenschätzen und Wasservorräten versehenen Gegend ins Leben gerufen wurde, bringt das schon 600 000 Einwohner zählende Brasilia diesem bisher öden Gebiet großen Nutzen.

Das Stadion von Maracaña　　311

Als begeisterte Fußballanhänger haben die Brasilianer in Rio de Janeiro das größte Stadion der Welt gebaut, das 180 000 Zuschauer faßt.

Das Riesenstadion von Maracaña könnte die Einwohnerschaft einer mittleren Stadt aufnehmen. 1950 erbaut, besteht diese gewaltige Arena aus mehreren Etagen von Sitzreihen. Der Architekt hat den Boden jeder Etage bogenförmig gestaltet, so daß das Spielfeld von jedem Platz aus gut zu sehen ist. Über außen verlaufende breite Rampen gelangen die Zuschauer an ihre Plätze. Diese Rampen machen es auch möglich, das Stadion in weniger als 15 Minuten zu räumen. Wenn ein aufregendes Spiel im Gange ist, müssen die Schreie und anfeuernden Zurufe der Zuschauer in zwanzig Kilometer Umkreis zu hören sein!

Das Flugzeug Concorde　　312

Franzosen und Engländer bauten die Concorde, ein riesiges Transportflugzeug, das erste einer Serie von Überschallmaschinen für Langflugstrecken.

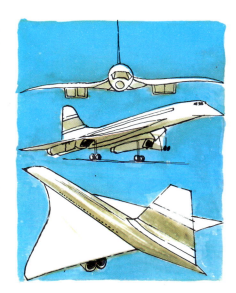

Die Concorde entstand aus der Zusammenarbeit der British Aircraft Corporation in England mit der Compagnie Française Sud-Aviation und wurde für eine Fluggeschwindigkeit von 2,2 Mach (etwa 2 600 km/h) konzipiert. Die Concorde kann 132 Passagiere von einem Kontinent zum anderen befördern und fliegt mit ihren vier Motoren von je 23 000 PS in 20 000 m Höhe. Ihr Gewicht beträgt 166 000 Kilo! Dieses Flugzeug mit seinen deltaförmigen Tragflächen entstand vor dem Düsenriesen Boeing 747 (Jumbo-Jet) und dem russischen Aerobus Tupolev.

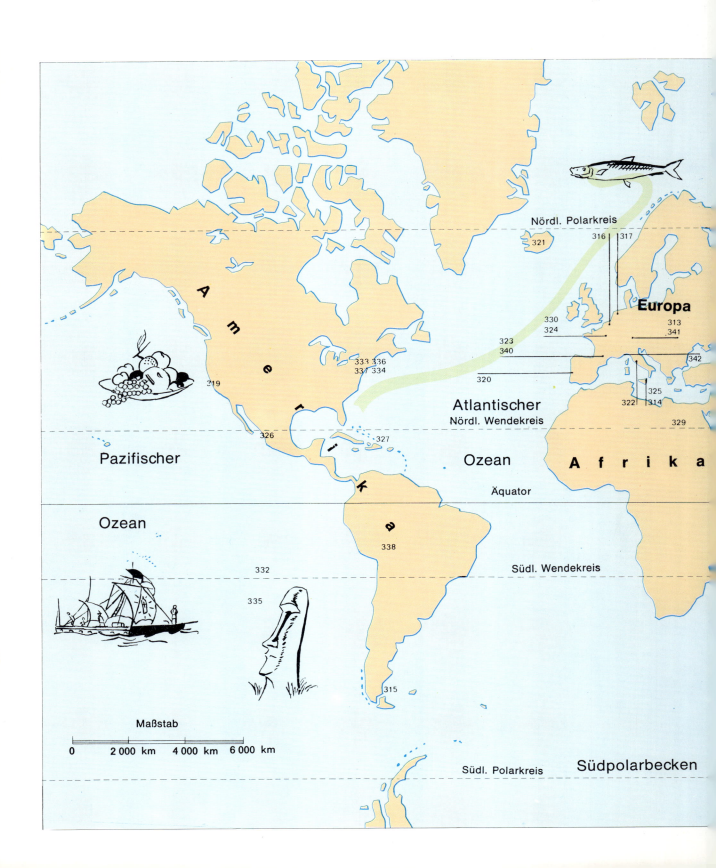

Der Mensch formt seine Umwelt

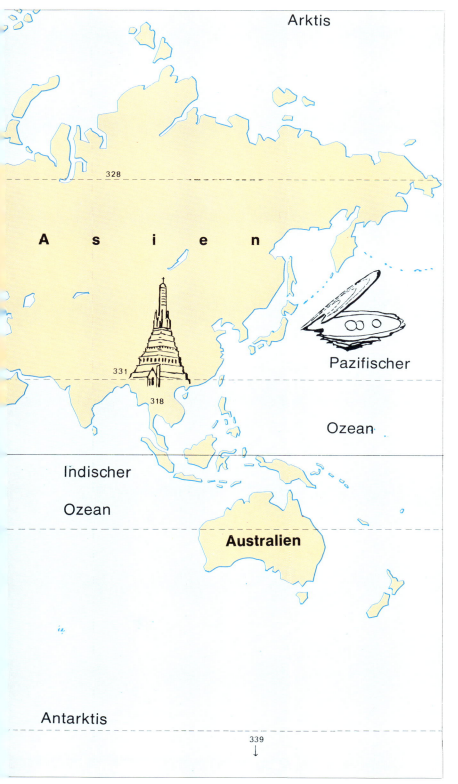

Der Mensch ist fleißig und unternehmungsfreudig. Indem er die Möglichkeiten seiner Umgebung und des herrschenden Klimas nutzt, baut er seine Häuser, seine Fabriken, Verkehrsverbindungen, wie er sie braucht. So haben zum Beispiel auf der felsigen Insel Man, die dem Wind und den Wellen der Irischen See ausgesetzt ist, die Menschen sich sogar Erde für ihre Gärten geschaffen, indem sie Meeressand mit getrocknetem Seetang mischten. Tatsächlich belohnen dann im Sommer spärliche Gemüseernten in diesen künstlichen Schrebergärten die Beharrlichkeit der Gärtner auf Granit. Hätten solche Menschen nicht auch die Insel Manhattan oder die Stadt Brasilia erbauen können?

Das Pfahldorf von Meilen 313

Am Ufer des Züricher Sees im schweizerischen Meilen hat man Reste eines hölzernen Dorfes entdeckt, wie sie die prähistorischen Menschen an Seen und Teichen errichteten.

Nachdem sie in Grotten oder Höhlen gehaust hatten, um gegen die Kälte und Überraschungsangriffe geschützt zu sein, kamen einige der primitiven Menschen auf die Idee, ihre Wohnsitze über den ruhigen Wassern von Seen zu bauen, was besonders in der Schweiz, in Italien und Deutschland geschah. Nachdem sie Pfähle in den sumpfigen Grund getrieben hatten, legten sie auf diese eine Plattform aus Knüppelholz, die sich ein gutes Stück über dem Wasserspiegel befand. Auf dieser geräumigen Grundplatte bauten sie dann ihre Hütten. Das so entstandene Dorf war mit dem Land nur durch einen Steg oder Leitern verbunden, die man nur einzuziehen brauchte, um vor Gefahren oder Angriffen geschützt zu sein. Manche afrikanischen Stämme wohnen heute noch so.

Das alte Syrakus 314

An der Westküste Siziliens gründeten im 8. Jahrhundert v. Chr. aus Korinth stammende Griechen Stadt und Hafen Syrakus. Hier befand sich das größte aller griechischen Theater.

Syrakus, im Süden Italiens und unter dem strahlendblauen Himmel des Mittelmeeres gelegen, war und ist noch immer berühmt. In dieser Stadt wurde Archimedes geboren und entdeckte hier das Prinzip, das ihn unsterblich machte. Die großartigen griechischen Ruinen von Syrakus locken trotz aller Verwüstungen, die die Zeit, Erdbeben und Plünderungen von Barbarenhand ihnen zugefügt haben, Touristen und Historiker an. Das antike Theater, das größte der griechischen Welt, wurde gänzlich aus dem Felsen herausgehauen. Welch ein Projekt das gewesen sein muß, begreift man beim Anblick der 46 Sitzreihen, die sich in einem Kreis von 138,50 m Durchmesser hinaufziehen. 878 haben die Araber und 1085 die Normannen die Stadt und dieses antike Bauwerk verwüstet.

Feuerland 315

Zwischen Atlantik und Pazifik entdeckte Magellan, der große Seefahrer, 1520 Feuerland, eine Insel, die durch die Magellan-Straße von der Südspitze Südamerikas getrennt ist.

Ganz im Gegensatz zu dem, was sein Name vermuten läßt, ist Feuerland eine kalte Gegend, in der die Schneegrenze bis zu 700 m hinunterreicht. In den Nebeln der Meeresenge entdeckte Magellan mehrere Feuer, die die Eingeborenen brennen ließen, um sich zu wärmen und Fische anzulocken. So kam es, daß er die Insel Feuerland nannte. Durch eine Reihe von Epidemien dezimiert, sind die Bewohner im Aussterben. Es gibt nur noch zwei- bis dreihundert Onas und Akalufs. Lange haben sie ihre primitive Lebensweise beibehalten, indem sie das Guanako, eine Art Lama, mit Pfeil und Bogen jagten, Fische mit einer Harpune mit Knochenspitze erlegten und unter Verzicht auf alle gewebten Stoffe sich mit einer einfachen Pelztunika bekleideten.

Die Glockenspiele von Brügge 316

Diese lebendige, geschäftige Stadt verdient den alten Beinamen „Das tote Brügge" nicht mehr. Die belgische Stadt ist berühmt für ihre Glockenspiele.

Obwohl ein neuer Kanal gebaut wurde, hat Brügge durch die Versandung der Bucht von Zwyn einen Teil seiner Funktion als Hafen verloren. Dafür hat sich die Stadt aber zahlreiche Kunstschätze erhalten. An den Ufern der die Stadt durchziehenden Kanäle stehen Kapellen. Denkmäler und mittelalterliche Häuser, die sich in den stillen Wassern spiegeln. Der vom Ende des 13. Jahrhunderts stammende Bergfried ragt mit seinen 80 Metern über die Markthallen und den Gouverneurspalast auf. Sein aus 47 Glocken bestehendes Glockenspiel wiegt 27 Tonnen. Es mischt sich in das Konzert weiterer Glockenspiele, deren Töne von anderen Türmen herabklingen. Die berühmtesten Glockenspielbauer wetteifern in der Zusammenstellung immer neuer Melodien.

Das Venedig des Nordens 317

Auf 90 Inseln erbaut und von Grachten mit einer Gesamtlänge von 85 km durchquert ist die holländische Stadt Amsterdam mit ihren fast 400 Brücken das Venedig des Nordens.

Die an den Ufern der Amstel und des Ij erbaute holländische Stadt Amsterdam spiegelt sich mit ihren gepflegten Wohnhäusern, deren Fensterscheiben nur so glänzen, in lebhaften Farben im Wasser. Konzentrische Kanäle durchschneiden das Stadtzentrum, wo moderne Gebäude neben alten Häusern stehen, auch sie alle so bunt und sauber, als wären sie erst frisch verputzt worden. Amsterdam, dessen Name „Deich der Amstel" bedeutet, ist ein sehr belebter Hafen, in den alljährlich über einen tiefen, 25 km langen und mehr als 100 m breiten Kanal 5 000 – 6 000 große Schiffe aus der Nordsee einlaufen. Über 880 000 Einwohner beherbergt diese Stadt, die im 13. Jahrhundert nur ein kleines Dorf war.

Die Klongs von Bangkok 318

Wie Venedig und Amsterdam ist auch Bangkok, die Hauptstadt Thailands, auf einem verschlungenen Netz von Kanälen gebaut, die durch den Wasserreichtum des Flusses Menam entstanden.

Bangkok zählt zwei Millionen Einwohner, von denen dreihunderttausend auf kleinen flachen Booten oder in auf Pfählen errichteten Bretterhütten über dem sumpfigen Wasser des Menam-Deltas und seiner zahlreichen Nebenarme, den sogenannten Klongs, hausen. So spielen sich der Verkehr und das Leben von Bangkok völlig auf dem Wasser ab oder sind vom Wasser bestimmt. Die Klongs sind zu Straßen, Wohnsiedlungen, Waschküchen, Wasserleitungen und Abwässerkanälen geworden. Vierhundert buddhistische Tempel gibt es in dieser Stadt, von denen der im 19. Jahrhundert erbaute moderne Benchamabopit aus importiertem Carrara-Marmor besteht.

Der Obstgarten Kalifornien 319

Im Westen der USA gibt es in dem mittelmeerähnlichen Klima Kaliforniens weite Anbauflächen, wo Obst, Südfrüchte und Wein im Überfluß gedeihen.

Die in alle Welt exportierten kalifornischen Früchte reifen in dem riesigen, 800 km langen und durchschnittlich 200 km breiten Grand Valley. Um diese fruchtbare Erde produktiv zu machen, mußte man für ständige Bewässerung sorgen. Zwei Flüsse durchziehen das Grand Valley: der Sacramento und der San Joachim. Der eine führt zuviel, der andere zuwenig Wasser. Amerikanische Ingenieure hatten den Einfall, Wasser aus dem Sacramento zu pumpen, um es 300 km höher in den San Joachim zu leiten. Der Kanal verläuft in entgegengesetzter Richtung zum Fluß und verändert ihn künstlich. So produziert das kalifornische Tal noch mehr Pflaumen, Pampelmusen, Weintrauben, Orangen und Ananas.

Der Portwein 320

In Portugal liegt an der Mündung des Flusses Douro die Stadt Porto, deren Name „Hafen" bedeutet. Im Tal dieses Flusses reift die Traube, die den bekannten und geschätzten Portwein ergibt.

Die Rebe steht an den hohen Hängen des Douro-Tales und an benachbarten Hügeln. Die Weingärten sind in Terrassen angelegt, an denen kleine Steinmauern die Erde festhalten. Die Traube ergibt einen aromatischen, alkoholfreien Wein, den man gern als Aperitif serviert. Oft rankt sich die Rebe um die Äste von nahen Obtbäumen, so daß man dann zur Weinernte Leitern braucht... Um an Qualität zu gewinnen, muß der Portwein in Fässern altern. Meist werden sie in Vila Nova de Gaia gegenüber von Porto gelagert. Auf seltsamen flachen Booten mit viereckigem rotem oder weißem Segel, sogenannte Rabelos, die durch die Last der Ladung tief im Wasser liegen, werden die Fässer den Fluß hinuntertransportiert.

Das Frühgemüse von Reykjavik 321

Tomaten, Gemüse, Blumen und Melonen wachsen auf dem vereisten Boden Islands, weil 100 000 qm Treibhausfläche durch den vulkanischen Untergrund kostenlos beheizt werden.

Obwohl sie nur zwei Schritte vom Polarkreis entfernt liegt, erlebt diese mit ewigem Eis bedeckte Insel die erstaunlichsten Gegensätze, die die Natur dem Menschen zu bieten hat. Warme Quellen schießen in großer Zahl aus dem Boden, so daß die Isländer bei größter Kälte in freier Natur baden können. Die Häuser der Städte und Dörfer werden durch ein Rohrleitungssystem mit Warmwasser beheizt, das man aus den 80° heißen Springquellen gewinnt. Das ebenfalls durch Röhren in die Treibhäuser geleitete warme Wasser sorgt dort für eine gleichbleibende frühlingshafte Temperatur, so daß dieser ungünstige Boden die köstlichsten Früchte und frisches, zartes Gemüse bei sehr geringen Unkosten hervorbringt.

Die Villa Medici 322

Viele junge französische Künstler — Maler, Bildhauer und Architekten — wünschen sich, in der römischen Villa Medici, dem Sitz der Académie de France, leben zu dürfen, um dort in der Begegnung mit Meisterwerken der Kunst ihr Talent zu vertiefen.

Die Académie de France in Rom wurde unter Ludwig XIV. 1666 gegründet mit dem Ziel, französischen Künstlern durch das Kopieren von Werken der Antike und der Renaissance ein vertieftes Studium derselben zu ermöglichen. Bildhauer, Maler und Architekten konnten so ihre künstlerischen Fähigkeiten erweitern, um danach noch besser zum Ruhm des französischen Königreiches schaffen zu können. 1801 kaufte Bonaparte die Villa Medici, um sie zum Sitz der Académie de France zu machen. 1803 fand die Eröffnung statt. Es ist eine große Ehre, dort als Studierender aufgenommen zu werden. Berühmte Meister haben dort Schüler ausgebildet, die selbst auch zu hohem Ruhm kamen.

Die Marmorsteinbrüche 323

Marmor, ein Gestein von hoher Qualität, dient zur Verzierung von Häuserfronten und zur Ausführung bildhauerischer Arbeiten. In Europa gibt es mehrere Marmorsteinbrüche.

Je nach Aussehen und Farbe unterscheidet man verschiedene Sorten Marmor. Dieser kristallisierte, harte Kalkstein, der sich leicht polieren läßt, hat sich zwischen anderem Gestein gebildet, so daß man Marmorsteinbrüche in allen Gebirgsgegenden finden kann. Die verschiedene Färbung ist auf das Vorhandensein von Metalloxyden oder organischen Substanzen zurückzuführen, die Linien oder Adern bilden und den Stein imprägnieren. Zu den am meisten geschätzten Marmorarten gehören: Der rote aus den Cevennen (Frankreich) und aus Alicante (Spanien), der blaue aus Portugal, der grüne aus Italien, der violette aus Brignolles (Frankreich) und der grauschwarze aus Lourdes (Frankreich). Für Bildhauerarbeiten wird der weiße, kaum geäderte Carrara-Marmor bevorzugt.

Das Gebäude der UNESCO 324

Die UNESCO, eine internationale Weltorganisation, hat sich zum Ziel gesetzt, den Frieden in der Welt durch Erziehung, Wissenschaft und Kultur zu festigen.

Der Sitz der UNESCO, einer Organisation der Vereinten Nationen, wurde am 3. November 1958 in Paris eingeweiht. Das Hauptgebäude hat die Form eines Y mit gebogenen Fassaden. Seine 1068 Fenster und seine Fassadenverglasung von 8109 qm Fläche machen es zu einem bescheidenen Rivalen des Glaspalastes der UNO. Andere Gebäude, darunter ein riesiger Konferenzsaal, vervollständigen die Anlage, die auf einem Grundstück von 3 Hektar steht. Vierzehn Länder haben sich die Aufgabe geteilt, dieses „Haus" auszustatten und zu möblieren, so daß man hier ein Konzentrat moderner Kunst aus aller Welt vorfindet, darunter Werke von Picasso, Miro, Artigas und Henri Moore. Ein eigenartiges „Mobile" von Calder ziert die Gartenanlagen.

Die Schwammtaucher 325

Die Schwammtaucher arbeiten in den warmen Gewässern des Mittelmeeres bei Tunesien, Griechenland und Lybien. Es gibt anderswo nur noch wenige, unbrauchbare Arten Schwämme.

Der Naturschwamm ist das Skelett eines Meerestieres, das sich an unter Wasser liegenden Felsen festsetzt und sich wie eine Pflanze durch Verästelung ausbreitet. Um die Schwämme abzureißen, müssen Schwammtaucher, die manchmal Taucheranzüge tragen, bis in 20 oder 30 m Tiefe hinunter. In Tunesien wird auch mit dem Schleppnetz nach Schwämmen gefischt. Die am Kai oder am Strand der Luft und der Sonne ausgesetzten Schwämme beginnen bald zu faulen. Man säubert sie dann im Wasser, tritt darauf herum, um sie von Exkrementen zu befreien, spült sie in einer säurehaltigen Flüssigkeit, um den Kalk herauszulösen, und bleicht sie schließlich. Die künstlichen Schwämme machen den natürlichen Konkurrenz, sind aber nicht so fein und weich.

Die Bucht von Acapulco 326

An der mexikanischen Pazifikküste öffnet sich die herrliche Bucht von Acapulco. Dieses berühmte Badegebiet wird von den Amerikanern auch „der Strand der Milliardäre" genannt.

Das einzigartig schöne Klima von Acapulco, seine tropische Vegetation, sein üppiger Wald und die von malerischen Felswänden durchschnittene Küste sowie die Vielzahl seiner weichen Sandstrände – das alles trägt dazu bei, diesen Badeort zu einem fast vollkommenen Paradies zu machen. Die Saison in Acapulco dauert neun Monate, von Oktober bis Juni. Die Stadt scheint nur aus Hotels zu bestehen, die sich gegenseitig an Behaglichkeit und Luxus überbieten. Manche bieten ihren Gästen außer dem Privatstrand und mehreren beheizten Schwimmbecken auch noch einen Jeep zu beliebigen Kreuzfahrten an. In Booten mit gläsernem Boden können die Touristen herrliche Unterwasserlandschaften bewundern oder kühnen Tauchern Beifall spenden.

Die Perlenfischer 327

In den tropischen Meeren der ganzen Welt, in Ozeanien, um die Antillen, um Ceylon und Japan, gibt es die Seeperlmuscheln, die von Perlenfischern vom Meeresgrund heraufgeholt werden.

Diese großen Austern scheiden Perlmutt aus, mit dem sie die Innenfläche ihrer Schale auskleiden. Auch ein ins Innere der Muscheln geratenes Sandkorn wird mit Perlmutt umhüllt, und nach einigen Jahren ist eine Perle entstanden, deren Schönheit nach ihrem Glanz, ihrer Reinheit, ihrer regelmäßigen Form und ihrer Größe beurteilt wird. Die „Pelerine", im 16. Jahrhundert vom König von Spanien erworben, war so groß wie ein Taubenei. Die „Perle Asiens", größte Perle der Welt, wiegt 120 g! Manche Perlenfischer sind inzwischen dazu übergegangen, mit Taucheranzug zu arbeiten. Die Japaner allerdings ziehen es vor, in der Bucht von Ago Perlen zu „züchten", indem sie kleine Kügelchen in Muscheln einführen, wo sie allmählich mit Perlmutt eingehüllt werden.

Schutzhülle für eine Stadt 328

In der UdSSR, im nördlichen Sibirien bei Nordilsk am Jenissei, bauen Techniker an einem Experiment: Die Stadt Snejnogorsk soll unter einer riesigen Schutzhülle liegen.

Die sibirischen Wintertemperaturen fallen oft unter − 50°. Unaufhörlich wehen heftige Winde. Die Menschen fliehen vor so extremen Klimaverhältnissen, und aus Mangel an Arbeitskräften können die natürlichen Reichtümer des hohen Nordens nicht genutzt werden. In Snejnogorsk, der ersten künstlichen Stadt unter einer Schutzhülle, werden die Bewohner sich einer ständigen Idealtemperatur von 25° erfreuen. Unter einem „Schirm" aus Beton und Kunststoff wird die Luft durch Infraroteinwirkung erwärmt. Das Licht wird ultraviolette Strahlen erhalten. Gras, Pflanzen und Bäume werden gedeihen. Unter diesem festen Zelt von 20 Metern Höhe und etwa 800 Metern Umfang werden die Bewohner in ihren Häusern wie in ständigem Sommer leben.

Der grausame Samum 329

Der Samum ist ein trockener, warmer Sturm, der den Sand aufwirbelt und vor allem in der Sahara, in den Wüsten Ägptens und Arabiens weht.

Durch die Gewalt des Samums können ganze Sandberge Körnchen um Körnchen versetzt werden. Es kommt vor, daß die Palmen einer Oase in wenigen Tagen von Sanddünen zugedeckt sind. Der Samum ist ein besonders gefürchteter Wüstensturm. Wird eine ziehende Karawane von ihm überrascht, müssen die Dromedare sich lagern, während die Menschen dicht bei ihren Tieren Schutz suchen. Die aufgewirbelten Sandmassen nehmen Tieren und Menschen die Sicht. Ohne den Schutz des ständig getragenen langen Baumwollschals, mit dem sie sich den Kopf einhüllen, müßten die Karawanenbegleiter im Samum ersticken. Der grausame Sturm weht manchmal tagelang und stellt die Ausdauer der Betroffenen auf eine harte Probe.

Der Elysée-Palast 330

Seit 1837 ist der Pariser Elysée-Palast in der Rue du Faubourg-Saint-Honoré der offizielle Amtssitz des französischen Staatspräsidenten.

1718 erbaut, war der Elysée-Palast im Laufe der Zeiten Eigentum zahlreicher Persönlichkeiten: Dort wohnten die Pompadur, Caroline Murat, die Schwester Napoleons und Josephine Beauharnais... Während der Revolution wurde dieser Wohnsitz des Adels zur nationalen Druckerei und dann zum Tanzlokal! Napoleon I. unterzeichnete dort seine zweite Abdankung, Napoleon III. bereitete dort seinen Staatsstreich vor. Der Ehrenhof, der im englischen Stil gehaltene Park und die Weiträumigkeit des Elysée-Palastes gestatten es dem Staatspräsidenten, offizielle Besucher aus dem Ausland in würdigem Rahmen zu empfangen. Um es dieser anspruchsvollen Aufgabe entsprechend zu gestalten, wurde das Palais unter dem Präsidenten Vincent Auriol 1947 restauriert und neu eingerichtet

Der gefürchtete Annapurna 331

Am 3. Juni 1950 überschritten zwei französische Alpinisten die Höhe von 8 000 m bei der Besteigung des Annapurna, eines der höchsten Gipfel des Himalaya.

Die höchsten Berge der Welt gibt es im Himalaya-Massiv in Asien. Einer davon, der Annapurna, war Schauplatz einer Sensation: Zum ersten Mal schafften es zwei Männer mit Mut und Ausdauer, in die Höhe von über 8 000 m zu gelangen. Maurice Herzog und Louis Lachenal, die von einer Mannschaft aus Alpinisten unterstützt wurden, konnten allein den 8078 m hohen Gipfel bezwingen. Allerdings erfroren ihnen dabei Füße und Hände, und ihre Gefährten hatten die größte Mühe, sie zu bergen und hinunterzutransportieren. Zu diesen Augenblicken des Sieges waren Jahre einer gründlichen Vorbereitung, Monate zur Durchführung der Expedition nötig, und es folgte ein Leben voller Schmerzen für die Helden, die man noch in Asien amputieren mußte.

Die Odyssee des Kon-Tiki 332

Thor Heyerdahl und einige skandinavische Wissenschaftler haben 1947 auf einem aus Baumstämmen gefertigten Floß die lange Überfahrt von der Küste Perus nach Polynesien nur mit Hilfe von Meeresströmungen und regelmäßiger Winde geschafft.

Die Mannschaft des Floßes Kon-Tiki wollte beweisen, daß die Eingeborenen Polynesiens durchaus von den peruanischen Inkas abstammen können, deren Legenden und Lebensweise sie bewahrt zu haben scheinen. Es ging also darum, die Überfahrt von Peru nach Polynesien mit den einzigen Hilfsmitteln zu verwirklichen, die auch den Inkas zur Verfügung gestanden haben mögen: Floß, Segel und Ruder. Das Floß wurde aus dem in Amerika vorkommenden leichten Balsaholz gebaut, und die Seefahrenden ließen sich von Strömungen und Winden von Ost nach West treiben. Am 7. 8. 1947 erreichten sie ihr Ziel — wenn auch nicht ohne Zwischenfälle. Aber Tiki, Sohn der Sonne und tahitianischer Gott, schützte das Floß, das seinen Namen trug.

Die Zeppeline 333

Am 6. Mai 1937 um 19.25 Uhr gerät bei Lakehurst in der Nähe von New York das größte Luftschiff der Welt, die „Hindenburg", in Brand, explodiert und zerschellt am Boden.

Vor der Entwicklung der interkontinentalen Luftfahrt reisten die Menschen in der Zeit von 1900 bis 1939 mit lenkbaren Luftschiffen. In Deutschland wurden zu diesem Zweck zahlreiche Zeppeline (nach dem Konstrukteur Graf Zeppelin benannt) gebaut, die für die damalige Zeit erstaunliche Leistungen vollbrachten: 1928 die erste Atlantiküberquerung in 110 Stunden mit 55 Passagieren an Bord, dann eine Weltumsegelung in 22 Tagen mit 54 Passagieren. Der mit Wasserstoff gefüllte riesige „Graf Zeppelin" war 236 m lang! Die Katastrophe der „Hindenburg", eines weiteren Luftriesen, kennzeichnete das Ende der Zeppelin-Luftfahrt. Zu Anfang des zweiten Weltkrieges wurden Luftschiffe endgültig aus dem Verkehr gezogen.

Das Weiße Haus 334

Washington ist die Bundeshauptstadt der USA. Neben zahlreichen anderen öffentlichen Gebäuden steht dort auch das berühmte Weiße Haus, der Amtssitz des amerikanischen Präsidenten.

George Washington war der erste Präsident der Vereinigten Staaten. Er bestimmte, wo die künftige Hauptstadt liegen sollte, und ließ von einem französischen Architekten, der mit La Fayette nach Amerika gekommen war, den Plan entwerfen. George Washington sollte niemals in der Stadt leben, die seinen Namen trug, denn er starb 1799, ein Jahr vor der Einweihung des Präsidenten-Amtssitzes, der wegen seines weißen Außenanstrichs bald den Namen „Weißes Haus" erhielt. Es ist ein weitläufiges, zweistöckiges Gebäude mit einem runden, von zehn großen Säulen getragenen Vorbau. Überall in der Welt versteht man unter dem Begriff „Weißes Haus" die amerikanische Regierung in ihrer Gesamtheit.

Die Osterinsel 335

Der niederländische Seefahrer Jacob Roggeveen entdeckte am Ostertag 1722 diese verlorene Insel mitten im Pazifik zwischen Chile und Polynesien.

Erstaunlich an dieser von aller Zivilisation entfernten und nur spärlich bevölkerten chilenischen Insel ist die Zahl der dort aufragenden riesigen Statuen. Es sind gewaltige aufrecht stehende oder liegende Steinbüsten. Manche davon sind höher als zehn Meter und wiegen mehr als 50 Tonnen. Manchmal werden sie noch von einem aus andersfarbigem Gestein gemeißelten Aufsatz überragt, der wie eine Perücke oder ein Hut aussieht. Diese Köpfe wurden direkt in den Felsen gemeißelt, ehe man sie herauslöste und an ihren Standort transportierte. Sie sind Zeugen einer verschwundenen, wenig bekannten Zivilisation, mit der sich Archäologen und Ethnologen heute befassen, indem sie den Untergrund erforschen und die etwa sechshundert Einwohner der Insel befragen.

Die Insel Manhattan 336

Die Insel Manhattan ist das Zentrum von New York. Mit seinen 2 Millionen Einwohnern hat dieses 16 km lange und 2,5 km breite Stadtviertel eine Bevölkerungsdichte von 50 000 Einwohnern pro Quadratkilometer!

Manhattan, eine vom Hudson, vom East River und vom Harlemfluß gebildete Insel, ist das Herz New Yorks. Sie beherbergt viele Sehenswürdigkeiten, wie den zwischen Häuserblocks eingekeilten Central Park, die Park Avenue, den Broadway, der mit seiner Verlängerung 64 km mißt, die Wall Street, eine mit vielen Wolkenkratzern besetzte Straße, die ihren Namen auf eine alte Mauer (Wall) zurückführt, die in kriegerischen Zeiten gegen die Einbrüche der Indianer errichtet wurde. Fünf riesige Hängebrücken (Brooklyn, Williamsburg, Washington, Queensboro und Triborough) und vier unterirdische Straßentunnels (Lincoln, Holland, Brooklyn und Queensmidtown) verbinden die Insel mit den übrigen Stadtteilen New Yorks.

New York, eine Riesenstadt 337

Mit fast 15 Millionen Einwohnern ist New York mit seinen Vororten und seiner näheren Umgebung die Stadt mit der größten Bevölkerungsdichte auf der ganzen Welt.

Der Platz, an dem New York heute steht, soll 1609 von Peter Minuet, einem holländischen Siedler französischer Abstammung, entdeckt worden sein, und 1653 soll Peter Stuyvesant die Stadt gegründet haben. Damals nannte sie sich allerdings noch Neu-Amsterdam. Heute ist es eine Riesenstadt mit 8 500 km Straßen, 2 500 Omnibussen, 5 Flughäfen und mit dem größten Hafen der Welt, der eine Kailänge von 15 000 Kilometern hat! In dieser Stadt der Wolkenkratzer gibt es mehr als 800 Grundschulen und über 25 000 Industrieunternehmen. Die städtischen Verkehrsmittel von New York — U-Bahn, Zug und Omnibus — transportieren mehr als zweieinhalb Milliarden Fahrgäste, also nahezu die gesamte Erdbevölkerung. New York bedeckt eine Fläche von 45 auf 40 Kilometer.

La Paz, Großstadt in den Bergen 338

In Südamerika, nahe beim Äquator, findet man die höchstgelegene Hauptstadt der Welt mit mehr als 400 000 Einwohnern: La Paz, Sitz der bolivianischen Regierung.

Mit seinen bewohnten Hochebenen in 4 000 bis 5 000 m Höhe schlägt Bolivien alle diesbezüglichen Rekorde. Das höchste Dorf der Welt, Chacaltaya, liegt in 5 130 m Höhe, also 300 m höher als der Gipfel des Montblanc! Der ländlichen indianischen Bevölkerung macht die dünne Luft nichts aus. Es heißt allerdings, daß diese Bergbewohner nie zur Küste hinunterkommen, wo die warme, feuchte und sauerstoffreiche Luft ihnen Übelkeit bereitet. Nach La Paz können sie aber ohne weiteres gehen, denn die Stadt liegt in 3 658 m Höhe. Es ist nicht zu erkennen, ob der Filzhut und der dicke Wollponcho die Einheimischen vor der strengen Kälte oder vor der Sonneneinstrahlung schützen sollen — jedenfalls sind die Indios nie ohne beides anzutreffen.

Das Adelieland 339

Der Meeresforscher Dumont d'Urville entdeckte 1840 das Adelieland, das zum antarktischen Kontinent gehört und dessen Küste dem australischen Kontinent gegenüberliegt.

Bei der Entdeckung dieses fernen Gebietes gab Dumont d'Urville ihm den Vornamen seiner Frau. Es ist heute das von Frankreich beanspruchte Teilstück der Antarktis. Jeden Winter lassen sich dort große Scharen von Kaiserpinguinen nieder, und im Sommer treffen die von Paul-Emile Victor ins Leben gerufenen französischen Polarexpeditionen ein. Es entstehen immer besser eingerichtete Basen, die den Aufenthalt der Wissenschaftler und Beobachter beinahe behaglich machen. Das erfordert allerdings auch Beförderungsmöglichkeiten wichtiger Ladungen an Material und Verpflegung für Menschen und Maschinen. Das Adelieland hat eine Fläche von 900 000 qkm, ist also etwa doppelt so groß wie Frankreich.

Der Zwergstaat Andorra 340

Andorra, ein europäisches Fürstentum, liegt in den Bergen der Pyrenäen eingezwängt zwischen Frankreich und Spanien.

Andorra ist keine Republik und auch kein unabhängiger Staat, da seine Regierungschefs Ausländer sind: Es ist ein seit 1278 ungeteilt unter Treuhänderschaft stehendes Gebiet, nachdem ein Schiedsrichter seine Verwaltung zu gleichen Teilen an den Grafen von Foix und den Bischof von Urgel übertrug. Die französischen Könige und nach ihnen die Präsidenten der Republik erbten diesen Titel. Noch heute teilen sich der französische Staatspräsident und der spanische Bischof von Urgel in die Regierung des kleinen, 6 000 Einwohner zählenden Landes. Sechs Räte von je vier Mitgliedern, die von den Bewohnern der Stadt und der vierzig Bauernhöfe gewählt werden, aus denen das Fürstentum besteht, verwalten das Land unter französisch-spanischer Aufsicht.

Das Fürstentum Liechtenstein 341

Liechtenstein liegt zwischen Österreich und der Schweiz im Rheintal nahe dem Bodensee. Der kleine souveräne Staat hat 15 000 Einwohner und eine Fläche von 157 qkm.

Als europäischer Staat mit monarchistischer Regierung steht Liechtenstein unter der Herrschaft eines Fürsten und eines Landtages, der durch allgemeines Wahlrecht gewählt wird. Liechtenstein steht in enger Verbindung zu der benachbarten Schweiz, die das Fürstentum überall in der Welt diplomatisch vertritt und mit ihm eine Währungs-, Zoll- und Postunion unterhält. So kann man die Grenze zwischen der Schweiz und Liechtenstein ungehindert überschreiten, muß aber den Forderungen der Zollbehörden folgen, wenn man nach Österreich weiterreisen will. Da die Steuergesetze sehr liberal und nicht zu belastend sind, haben viele ausländische Industrielle den Sitz ihrer Firma in Liechtenstein angemeldet. Die Hauptstadt Vaduz liegt am Rhein.

Das Fürstentum Monaco 342

An der herrlichen Mittelmeerküste liegt das Fürstentum Monaco, ein souveräner Staat, in einer kleinen Nische, die von dem französischen Département Alpes-Maritimes umgeben ist.

Trotz seiner geringen Flächenausdehnung von nur 1,5 qkm ist der Staat Monaco weltberühmt. Monte Carlo, wichtigste Stadt des Fürstentums, ist einer der schönsten Orte an der Côte d'Azur. 23 000 monegassische Untertanen des Fürsten leben in Wohlstand dank eines gutorganisierten Tourismus und des von den Reichen aus aller Welt häufig besuchten Spielkasinos. Das Kasino, 1879 von Charles Garnier erbaut, der auch die Pariser Oper entwarf, trägt genügend zu den Finanzmitteln des Fürstentums bei, so daß die Bürger praktisch keine Steuern zahlen müssen. Die auf einem felsigen Vorgebirge liegende alte Stadt Monaco beherbergt außer dem fürstlichen Palais ein in seiner Art einmaliges ozeanographisches Museum, das Fürst Albert I., ein Gelehrter, ins Leben rief.

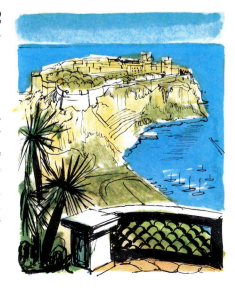

Register

(Die Ziffern geben die Seiten an)

Abu-Simbel 72
Acapulco 134
Adelieland 138
Ägyptische Obelisken 82
Akadier 62
Ainu 62
Akropolis 103
Albi 90
Alpaka 46
Alpen 12
Amazonas 15
Anakonda 45
Andorra 139
Angkor Vat 86
Annapurna 136
Antarktis 24
Ararat 10
Arc de Triomphe 86
Arenen von Nimes 85
Assuan-Staudamm 123
Ätna 9
Avignon 94
Azteken 59

Babel 117
Babylon 126
Baikalsee 22
Bambus 36
Bandassel 53
Bangkok 131
Beutelratte 47
Biber 54
Blumenuhr 66
Bohrtürme 117
Bonifacio 29
Borromeischen Inseln 20
Bosporus 109
Brandenburger Tor 97
Brasilia 127
Brieftauben 49
Buddha, liegender 76
Bumerang 66
Burg If 101
Burma-Straße 121
Buschmänner 61
Byzanz 111

Camargue 28
Canale Grande 123
Canyon 14, 30
Carnac 88
Chac-Mool 89
Chambord 92
Chantilly 75
Chenonceaux 92
Cherub von Khorsabad 78
Chichen Itza 89
Coelacanthus 48
Colorado 14
Concorde 127
Cordoba 93
Cote d'Azur 16
Crater Lake 23

Daibutsu von Kamakura 76
da Vinci 75
Deich 120
Delphi 74
Delphine 49
Denker von Rodin 78
Diskuswerfer des Myron 74
Dixence-Staudamm 122

Drahtseilbahn 118
Druidensteine 88

Early Bird 118
Edam 66
Edammer 66
Edelweiß 34
Eiffelturm 116
Eiserne Krone 77
Eiserne Tor 14
El Alamo 108
Elysee-Palast 135
Empire State Building 116
Eskimos 63
Etretat 29
Etrusker 58
Eukalyptus 37
Euromast 116
Everest 8
Everglades 18

Fels von Gibraltar 112
Feuerland 130
Fledermaus 42
Fleischfressende
  Venusfliegenfalle 38
Fliegender Fisch 51
Florenz 125
Florida 11
Flughörnchen 49
Forum Romanum 30
Franken 58
Freiheitsstatue 97
Fritz Roy 8
Frontenac 85
Fudschijama 11
Furo 69

Gallier 58
Ganges 69
Garten der 15 Steine 76
Gärten von Xochimilco 126
Gavarnie 13
Gepard 42
Gezeitenkraftwerk 121
Gibraltar 9
Giraffe 44
Gizeh 72, 82
Glasbläser von Murano 126
Glaspalast 104
Gletscher 28
Glockenspiel von Brügge 131
Gobi-Wüste 19
Golden Gate Bridge 119
Goldene Pagode 87
Goldene Pavillon 86
Golfstrom 21
Gorilla 43
Gouda 66, 96
Grab des Darius 83
Granada 93
Grand-Coulee-Staudamm 122
Grönland 27
Grotten 25
Große Deich 22
Große Mauer 112
Große Seen 22
Grundvigs Kirke 91
Gürteltier 55

Hadrianswall 125
Hagia Sophia 91

Hamster 47
Hängende Gärten 126
Herkules-Säulen 9
Himalaya 8
Hiroshima 105
Höchste Eisenbahnstrecke 118
Hohkönigsburg 104
Höhlen von Ajanta 83
Hura crepitans 36

If 101
Inka 110
Invalidendom 95
Island 132
Ixtaxihuatl 10

Jiwaro-Indianer 60
Johanniskäfer 53

Kaaba 69
Kaffee 37
Kaiserpinguin 43
Kakteen 39
Kalifornien 132
Kalvarienberg
  von Plougastel 79
Kamel 46
Kanal von Korinth 124
Känguruh 54
Kannenpflanze 38
Kap der Guten Hoffnung 102
Kap Kennedy 125
Karakulschaf 47
Karnak 82
Karthago 111
Kautschukbaum 37
Kathedrale von Albi 90
Kilimandscharo 8
Kilt des Clan 68
Kimono 67
Kiwi 55
Klagemauer 101
Klongs 131
Klöster auf der Meteora 68
Koala-Bär 55
Kolosseum 113
Kondor 44
Königsgräber
  von Saint-Denis 107
Kon-Tiki 136
Korinth 124
Krak der Kreuzritter 103
Krater des Meteors 25
Kreml 105
Kronjuwelen 73
Kukulkan 89

Lagune 23
Lama 46
Landes 28
Landzunge von Raz 29
La Paz 138
Lappen 63
Lascaux 109
Lhasa 100
Lieblingsbaum der Ziegen 36
Liechtenstein 139
Loch Ness 67
Lofoten 21
Lotsenfisch 50
Louvre 95
Löwenhof 93

Machupicchu 112
Madagaskar 12
Madegassen 12
Magdeburger Halbkugeln 109
Makrocystis 38
Malstrom bei den Lofoten 21
Mammuthöhle 26
Mandelbaum 39
Manhattan 137
Manzanillabaum 34
Maori 62
Maracaibo 117
Maracana-Station 127
Marathon-Läufer 110
Marcusplatz 96
Marianen-Graben 24
Marmorsteinbrüche 133
Matterhorn 10
Mausoleum des Hadrian 84
Maya 89
Meilen 130
Mekka 69
Memnoskolosse 72
Meteora 68
Mexico 9
Mississippi 15
Monaco 139
Mona Lisa 75
Mongolen 63
Montblanc 12
Monte Cassino 108
Montmartre 31
Mont Saint-Michel 30
Monument-Valley 25
Moses des Michelangelo 79
Moskau 103, 105
Mount Everest 8
Mount Palomar 119
Murano 126

Neufundland 31
New York 137, 138
Niagarafälle 16
Nike von Samothrake 75
Nil 15, 123
Nimes 111
Nofretete 73
Nordpolgebiet 31
Notre-Dame in Paris 90

Ohrenrobbe 48
Old Faithful 24
Olymp 102
Orchidee 35

Palast der Päpste 94
Pampa 18
Panamakanal 124
Pantheon 106
Papagei 43
Papua 60
Paricutin 9
Parthenon-Tempel 84
Pearl Harbor 102
Pelikan 45
Pentagon 105
Perlenfischer 134
Persepolis 113
Peru 118
Petersdom 77
Petit Trianon 96
Pfahldorf von Meilen 130

Philippinen 20	San Marino 17	Tadsch Mahal 87	Ureinwohner Australiens 61
Piranha 51	Sargassosee 21	Tahiti 13	Urwald 17
Pisa 97	Satellit 118	Taiga 17	
Place de la Concorde 113	Schildkröten 44	Tal des Todes 19	Vatikanstadt 100
Polder 123	Schildkröteninsel 101	Talkessel von Gavarnie 13	Vatna-Gletscher 28
Polyp 52	Schloß Frontenac 85	Tancarville, Brücke von 120	Venezianische Gondeln 67
Pompeji 106	Schnabeltier 54	Tansania 8	Venedig 23, 67
Ponte Vecchio 125	Schönbrunn 94	Tarn 14	Venus von Milo 74
Popocatepetl 10	Schwammtaucher 134	Teestrauch 39	Verdon-Canyon 30
Porta Nigra 93	Schwertfisch 50	Tempel des Anghor Vat 86	Versailles 94
Portwein 132	Seepferdchen 45	Tempel des Himmels 87	Versteinerter Wald 27
Postojna 25	Seerose Victoria 35	Tennessee-Tal 122	Via Appia 106
Potala 100	Sequoias 35	Termiten 53	Victoriafälle 16
Pußta 18	Seufzerbrücke 104	Thailand 20	Villa Medici 133
Puy de Dome 12	Sibirien 17, 119, 135	Theater von Epidauros 84	Volador 68
Pygmäen 61	Sinai 100	Tibet 100	Vulkan 8, 9, 10
Pyramiden von Giseh 82	Sixtinische Kapelle 92	Tintenfisch 52	
	Skorpion 42	Titicacasee 23	Wagenlenker von Delphi 74
Rafflesie 34	Sogne-Fjord 26	Tolteken 89	Wal 50
Reykjavik 132	Sonnenofen 117	Totes Meer 22	Wandteppich von Bayeux 77
Rio de Janeiro 11	Sorbonne 110	Trafalgar 108	Wandzeichnungen 109
Roncevaux 13	Sphinx von Gizeh 72	Transsibirische Eisenbahn 119	Waran 52
Ronchamp 91	Staudamm 122	Trier 93	Wein 132
Roter Platz 103	Stavekirkes 90	Tuareg 59	Weißes Haus 137
Rotterdam 116	Stelen von Aksum 107	Turm von Babel 117	Wels 51
Rove-Tunnel 121	Stephansdom 85	Turm von Pisa 97	
	Stonehenge 88	Turm des Teufels 27	Zeppelin 136
Sahara 19	Straßen der Riesen 26	Tut-ench-Amun 73	Zigeuner 59
Sainte-Chapelle 95	Strauß 48		Zuckerhut 11
Salomon 83	Suezkanal 124	Uhr am Straßburger Münster 79	Zuiderzee 120
Samun 135	Syrakus 130	UNESCO-Gebäude 133	Zulus 60
San Francisco 119			

ISBN 3 536 00401 6 · 1. Auflage 1975
Umschlaggestaltung: Herbert Carl Traue
Titel der Originalausgabe: ou est-ce?
© 1969 by Librairie Hachette
Aus dem Niederländischen übersetzt von Grit Körner
Alle Rechte dieser Ausgabe 1975 beim Engelbert-Verlag,
Gebr. Zimmermann GmbH, 5983 Balve/Sauerland, Widukindplatz 2
Nachdruck verboten — Printed in Germany
Satz, Druck und Einband: Grafischer Betrieb Gebr. Zimmermann GmbH, Balve

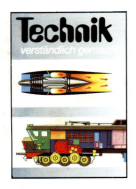

Fernand Lot

TECHNIK verständlich gemacht

Jugendlichem Wissensdurst, dem Urbedürfnis zu fragen: „Wie funktioniert das?" entspricht das Buch auf bestechende Weise. Hier werden nicht nur technische Sensationen dargestellt, sondern vor allem die vielen Dinge des täglichen Gebrauchs erklärt. Autor und Zeichner beherrschen die Kunst des „erhellenden Vereinfachens".

192 S. mit 360 farbigen Zeichnungen, Großformat, kaschiert mit Schutzumschlag

Henri Leclercq

e r f o r s c h e n — m e h r w i s s e n

Die Natur

Wie alt wir auch sind und wieviel wir auch wissen, nie kennen wir die Welt, in der wir leben, bis in ihre letzten Geheimnisse. Dieses faszinierende Buch führt uns durch die Jahreszeiten, und wir lernen dabei den Reichtum der Natur bewundern und das Zusammenwirken begreifen.

192 S. mit ca. 220 farb. Zeichnungen, Großformat, kaschiert mit Schutzumschlag

David Stephen

Die schönsten Tiere der Erde

Dem japanischen Maler Takeo Ishida ist es hier in hervorragender Weise gelungen, sachliche Korrektheit und künstlerische Qualität zu verbinden. Seine Bilder sind präzise und instruktiv, aber darüber hinaus geben sie auch Stimmungen wieder, sie charakterisieren das Tier, sie zeigen nicht nur seinen Körperbau.

96 S. mit vielen farbigen Zeichnungen, Großformat, kaschiert mit Schutzumschlag

Paul Simon

Die schönsten Vögel der Erde

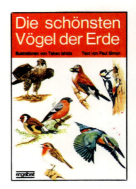

Vögel, das erkennt man in diesem Buch, sind einem Künstler wie Takeo Ishida ein besonderer Anreiz, seine Gaben zu entfalten. Wo die Natur verschwenderisch zu den Farben greift, braucht auch der Maler die ganze Palette. Takeo Ishida ist es gelungen, etwas so Lebendiges wie den Vogel auch lebendig darzustellen.

96 S. mit vielen farbigen Zeichnungen, Großformat, kaschiert mit Schutzumschlag

ENGELBERT-VERLAG 5983 BALVE/SAUERLAND